怖がりさんほど
成功する
自宅起業

根本好美

スコーンドルフィン代表
自宅起業コンサルタント

みらいPUBLISHING

はじめに

あなたは何か初めてのことに挑戦するとき、怖くて躊躇したり、心配でやめようと思ったり、臆病な気持ちが先に出て行動を起こせず、あきらめてしまう傾向はありませんか？

今までの人生を変えて、新しいことに挑戦してみたい！　自分らしく生きていきたい！　と、やる気でいっぱいになっている人であっても、どこか胸の奥の方で、「そうは言っても心配！」「失敗したらどうしよう！」「親戚や友達に何か言われるのが怖くて動き出せない！」……そんな思いが見え隠れしているかもしれません。

この本は、心配で動き出せないあなたの「転ばぬ先の杖」として、怖がりさんが知っていると役に立つ起業の知恵を、17年間の経験を基に書きました。

もし怖がりなあなたに叶えたい夢ややってみたいことがあるなら、ぜひ行動に移して実現できるように応援したいと、私は心から思うのです。それはなぜかというと、私が起業するときに、怖がりで心配性の心があったからこそ、いかにリスクを減らして心の平安を保つか、資金の少ない自分でも出費を少なくして起業できるか、経験の少ない自分がどうしたらつぶれない店を維持してゆけるかと、一生懸命に考えました。慎重になればなるほど、地に足が付き、たくさん調査し、無理のない仕事の進め方を考えて続けてきたからです。

私は「バナナブレット」（一般名称は「バナナブレッド」）というバナナのパウンドケーキを焼くことがとても得意でした。自宅の近所の園芸店を営むママ友から、「あなたのバナナブレットはとても美味しいから、うちのお店で販売してみたら？」というお話をいただいてから、「お菓子を作って売る仕事」を考えはじめたのです。

当時、夫と3人の息子の5人家族で暮らしていました。夫は小さな自営業で生計を立てていましたが、残念なことに業績が低迷したため、専業主婦であった私も何か仕事を始めなければいけないなと思った矢先の話でした。子どもたちは小学校3年生、幼稚園の年長、年中と一番元気で活動的な年代。しかも実家には、介護を必要とする両親がいて、手を貸さなければならない状況でした。

「家が仕事場ならできるかもしれない。このバナナブレットを一つ売ったら1000円ぐらいかな。5つ売れたら5000円。5000円あれば夕飯のおかずが買える！　だったらやってみようか！」

こんな現実的な理由が私の仕事のスタートなのでした。

仕事をして収入を得ること。自分の家族の家事・育児、親の介護をすること。そのすべてをまかなうには、時間を自由に使える「自宅起業」しか私には選択肢がなかったのです。

そうは言っても、私の心の中は不安でいっぱいでした。

「お菓子を作って売るって、お菓子屋さんに勤めたこともないし、製菓学校に行ったこともないのに大丈夫？」「子どもたちにちゃんとご飯を食べさせて大きくしなくちゃ！　高校・大学の進学もあるし！」「介護している親を病院に連れていかなきゃならない！　そんな時間取れる？」「失敗したら恥ずかしい」「私一人で続けられるの？　怖い！」そういう気持ちで押しつぶされそうになりました。

そんな心境の中でふと思いついたことがありました。

「バナナブレットだけでは商品が足りない。もう一つ、人に喜んでもらえる商品を販売しよう。そうだ！『スコーン』がいい。世の中のスコーンは、ボソボソで硬くて評判が悪い。それをもっと美味しく工夫すれば買ってくれる人が増えるかもしれない！」

それから町の図書館へ何度も通い、お菓子のレシピ本を端から端まで借りてきて読み、スコーンの開発に乗り出しました。そこで出来上がったレシピが、現在までずっと作り続けているスコーンドルフィンのスコーンなのです。

手探りで始めたお店「スコーンドルフィン」はそれから17年間続いています。郊外の住宅地なので、わざわざ出向かなければならない場所にあります。それでも、そこに毎日多くのお客様がご来店くださり、全国へもインターネット販売を通じて商品を送り届け、カフェや販売店様にも卸販売を行っています。また、大きな百貨店での催事出店や、お菓子教室の運営のほか、お店や起業したい人への相談なども受けています。

ありがたいことに、皇室や英国大使館への納品、「楽天」スコーン販売ランキング1位、雑誌「Casa BRUTUS」のスコーン特集で日本一を経験したこともありました。インターネットの普及が、小さい店にとって、全国に商品を知ってもらい販売ができる大きな機会となったのです。

また、お店に立ってお菓子を販売していると、

「こういう店でお仕事ができるなんていいですね！」「私もお菓子屋さんやりたいです！」「趣味と実益が一緒でいいですね！」

などと多くの女性から言われます。

最近では、市町村の起業セミナーや、商工会の起業講座でお話をする機会も増えてきました。お店を始めたい！　自分で起業したい！　という女性が増えているという印象です。

新型コロナウイルスの感染拡大で、日常生活が大きく変化しました。これからは、新型コロナウイルスとの共存です。今生かされている命に感謝し、今ある現状から工夫をしながら生きていかなければなりません。女性も男性も自分の足で立ち、大切な人と助け合いながら未来に進む時代だと思います。この新しい時代に仕事をす

る選択肢の一つとして、女性でも自分のやりたい仕事で起業を望む方に、自分の生活スタイルを自由自在に作り上げることができる「自宅起業」の働き方を、私なりにこのような本という形でお伝えしたいと思うようになりました。

とっても怖がりで、心配性で、自信がない普通の主婦の、ゼロからつくり上げた起業法です。ただし、「簡単に○○○万円稼げる」とか、「最短で成功する」「可愛くキラキラに起業する」といった夢ごこちな起業法ではありません。かなり冷静に、自分のビジネスを俯瞰しながら構築してきました。自宅をベースとして、自分のできる範囲で、社会に貢献し、家族を守り、生活を支えるという考えが基本となっています。

この本があなたの未来の暮らしの参考になればと思います。

もしご賛同いただけましたら、これから先のページを開いてみてくださいませ！

スコーンドルフィン代表
自宅起業コンサルタント
根本好美

目次

第2章 怖がり経営者のための自宅起業のメリット

第3章 怖がりの起業メソッド

第4章 あなたにとって大切なものを確認しよう

第5章 開業前から開業後に必要なマインド

第6章 自宅起業に必要なお金のこと

第7章 怖がり経営者の心配事……「売れないときはどうしよう！」対策

第8章 「怖がり経営者」が怖がる言葉対策

第9章

怖がりな心が揺れるピンチのときの乗り切り方

第10章 令和時代の怖がり経営者の幸せな生き方

《インタビュー》

起業して成功した女性経営者たちに聞く

第1章

怖がりな性格が招く成功の秘訣

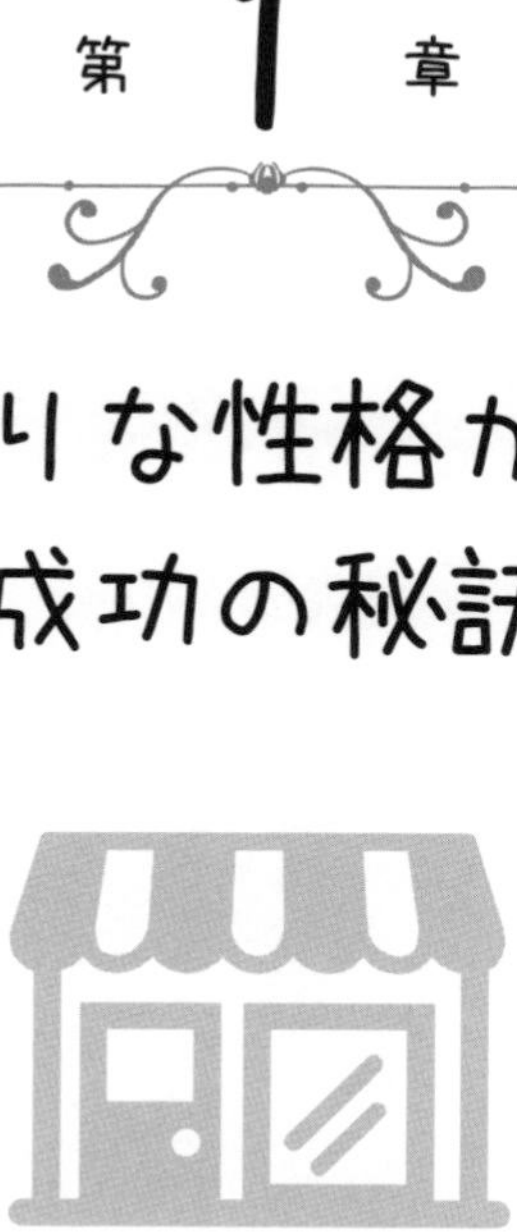

❶「怖がりさん」は起業がうまくいかない、と思い込んでいませんか?

「自分一人で仕事を立ち上げて起業する」

あなたは、怖がりで心配性な性格の自分が「起業」などできるわけがないと思っていますよね。私もまさか自分が起業するなんて、それまではまったく考えていなかったのですから。それはなぜかというと、私は心配性で臆病な上に慎重派で、何かを始めるときに、とても悩むタイプだからです。いろいろ考えすぎて「石橋をたたいて割ってしまうタイプ」とでも言いましょうか。

それでは、どうして私が「スコーンドルフィン」を始めることになったかをお話しします。

私は2003年に38歳でこのお菓子の製造販売の仕事を始めました。「はじめに」にも書いたとおり、ママ友の園芸店で「あなたのバナナブレットはとても美味しいから、うちのお店で販売してみたら？」という声を掛けていただいたからです。

小さいころからお菓子を作ることは大好きで、小学校2年生のときに近所のお友達と絵本「ぐりとぐら」の中で主人公たちが作った「カステラ」をその本を見ながら2人で作ったことが、お菓子作りを始めた最初の記憶です。

商品となる「バナナブレット」は、私が二十代のころに暮らしたカナダで出合ったお菓子です。カナダの友人達が集うと、テーブルの上には必ず「バナナブレット」がありました。それが美味しくて大好きになり、作り方を習い、何度も何度も作っていくうちに、お得意のお菓子になっていきました。まさかこの「バナナブレット」で商売を始めるまでになるとは、当時はまったく思ってもいませんでしたが。

帰国して縁があって結婚し、3人の子宝に恵まれて暮らしていたものの、家業の自営業が低迷したので、普通の専業主婦だった私も仕事をしなくてはいけない状況になり、

お菓子の製造販売を始めたという経緯だったわけです。

お菓子屋を始めようと決めたものの、気持ちはドキドキして怖さと不安でいっぱいでした。お菓子の仕事をした経験がなかったし、製菓学校へ通ったこともなかったからです。

「美味しいと評価してくれる人はいるけど、それを仕事にしていいのかな？」という不安な心と、「今動き出さないと収入が得られない。家事と育児と介護をやっていくには自宅で起業するしかない！　できることから始めよう！」という自分の行動を信じる心。今になって思い返すと、起業したてのころ、この二つの**「怖がりな心」**と**「行動」のバランスを取ること**がとても重要であったなと思います。

それは、女性は感情に左右されてしまい、「不安」によって、もう少しでできることを途中であきらめてしまう人が多いからです。新しいことを始めるのは、誰だって怖いと思います。それでも起業を選択する場合は、まずはその**「勇気」を自分で褒めてあげてください。「成功」の反対は「失敗」ではなくて、「何もしない」**だからです。そして、「行動する」が現実を変えていけるのです。

怖くなったときは、その感情にていねいに向き合い、どうすれば安心するか、どうすれば先に進めるかを落ち着いて考えます。分からないことは調べる。関係機関や専門家に問い合わせして聞く。納得いくまで実験や検証を繰り返す。自分の技術が未熟なら、よく練習する。この小さな行動が未来への道を作るのです。

私は、**心配なことにぶつかるたびに「止まって、見て、考える」を繰り返しました。小さいステップで「心の不安」を「安心」に変えながら、それに合う「行動」をとっていくこと**が、女性に合った継続する起業の基本だと、自分で17年間やってみて心から思います。

しかも好きなことであれば努力できますよね。怖いという感情は、ときに行動をストップさせてしまいますが、心配が安心に変わるまで商材をより磨き上げることで、その努力がしっかりとした「商品力」になり、あなたのビジネスをより強固なものにします。

そういう意味で怖がりさんの方が、うまくいく起業ができるというわけなのです。

怖がりさんの自宅起業　成功のポイント①

★「怖がりな心」と「行動」のバランスを取る。
★「行動」を起こす自分を褒めよう！
★「止まって・見て・考える」を繰り返す。
★小さいステップで「心の不安」を「安心」に変えながら、それに合う「行動」をとってゆく。

② 「怖がりな倹約」がもたらす、主婦の「安心・安全」な起業

主婦が仕事をしようとする理由は、人それぞれあると思います。しかも「就職して仕事をする」「起業する」のどちらを選ぶかは、その人なりの動機や事情があることでしょう。

私の場合は、「家事と子育て」と「親の介護」をしながら、「収入を得る」必要がありました。なので、家族を見守りながら収入を得るには、自宅を職場にして、時間の制約がなく働けることが仕事の条件でした。それには自由に動ける「起業」しかなかったのです。

サラリーマンとして勤めに出れば投資金は必要ないのですが、起業する場合には多少なりとも初期投資がかかります。もともと掛けられる資金は少ないし、怖がりな自分に

は初期投資をすることはとても勇気が必要でした。しかも、家計を助けなければいけないというミッションがありましたので、**最初の始まり方は小さくして地道に進めようと思い、「3つの節約」**を考えました。

一つは、**「資金をたくさんかけずに自宅に作業をする厨房を作る」**ということ。これには自分が参加して工事費用を抑え、業者さんに全部をお願いせず、自分で手作りをする部分を受け持ちました。壁紙貼りとペンキ塗りを行い、レンガを敷き詰めてアプローチを手作りしました。この試みはリクルート社の起業雑誌「アントレ」（2006年7月号）で記事になり掲載されました。

次に、**「材料の仕入れ」**です。今後、材料の仕入れは続いていくため、安く手に入れることができる問屋さんを探しました。素材にこだわりがあったので、自分で調べていろいろな会社に問い合わせをしました。問屋の仕組みを知ることができて、とても勉強になりました。

もう一つはお客様に渡すときの**「包装資材とラッピング」**です。こちらもこれから提供し続けるので、見た目は可愛いけれど安いという視点でじっくり考えました。一度にたくさんは買えないため、センスよく安いものを探す訓練になりました。

こういった主婦的な目線で支払いを節約することは、「起業」という最初のステップにおいてとてもよい指針になりました。この感覚は、**「無謀な投資」をしないで済むし、小さくトライして、その都度結果を見ていくことができます。**結果がよければ続行して、悪ければ変えていけばいいのです。すぐに答えを出したがるのは女性の性分ですが、怖がりさんだからこそ一つひとつを見極めて、地道に成長していけることが「継続できる仕事の方法」です。

主婦には仕事以外に家事や育児、いろいろな家庭との関わりがありますよね。男の人が朝、「行ってきます！」と言って家を出てから夜遅く「ただいま！」と帰ってくるような、長時間家を空ける仕事はなかなかできません。大きな夢を描くことは楽しいですが、怖がりさんの起業は、最初から「何百万！　何千万！　売上を伸ばす」と大風呂敷を広げないで、その都度必要なスキルを身に付けて、階段を上るように着実に積み上げていくこと。それが安心・安全な起業につながるのです。

怖がりさんの自宅起業　成功のポイント②

- ★自宅を職場にすることで時間の制約なく働ける。
- ★節約を心がけ、始まりは小さく、地道に進む。
- ★「無謀な投資」をせず、小さくトライしてその都度結果を見てゆく。

③ 商品を絞り、分かりやすくてクオリティの高い商材を作る

私がこの仕事を始めたころは、自分一人で全ての業務を行ったので、できるだけ作業を少なくしようと思いました。しかもいろいろな味をバリエーションとして商品にすると、材料がそれだけ必要になります。体力も時間も、そして資金にも限界があります。だから**商品を絞り、その商品の専門店にすることで無駄なく商材作りができ、より美味しいものを生み出す**ことができます。私の場合はスコーンとバナナブレットに商品を絞りました。お客さんは、「あそこに行けばスコーンとバナナブレットがあるのよね！」というように明快に商品を連想できるし、商品への信頼度が増します。

つまり特定の商品に特化することとは、その商品を必要とする人にストレートに響きます。私は焼き菓子で「スコーンとバナナブレット」の専門店ですので、インターネット

の検索欄に、「スコーン」と入れると、スコーンを探している人には見つけやすいのです。

例えば、「占い」の仕事を始めたい人の場合、「あらゆる人にさまざまな占いをしています」というより、「アラサー女性のためのタロット恋占い」と専門店をうたうこと。どんな人にいちばん届けたいかという自分のお客さんを決めて、名刺やブログに「恋占い、タロット、三十代、女性」など、得意分野のワードを入れてタイトルを付ければ「三十代の恋愛に迷う女性が、タロット占いで恋の悩みを解決してもらえる」と、来店する率が上がります。占いをする方は、自分の得意分野ですからどんどんその腕前も上がるでしょうし、恋占いでは、他に負けない評判が上がっていくわけです。

これからは、**「誰から商品を買うか？」**という時代です。もはや物は世の中に十分あふれています。スーパーや百貨店で売っていてよく目にする商品もありますが、時代は大量生産・大量消費ではありません。作り手が思いを込めて作ったものや個性のある商

品を、必要で欲しい人に届ける。そして、インターネットを使うことでその個性のある商品はすぐに取引きされるのです。

自分の商品を専門的に磨くことで、持っている能力や技術力は向上し、それが必要な人にピンポイントで届く、双方にとって気持ちよい取引きと交流ができるということです。これは、怖がりで口下手のあなたでも、**自分の作った大好きな商品をちゃんと伝えることで、求めている人に届けられる、インターネット時代の無理のない商売の形**なのです。

怖がりさんの自宅起業　成功のポイント③

- ★販売する商品を専門的に一つか二つに絞り込んで、専門家になる。
- ★「あなたからあなたの商品を買う」という時代。
- ★怖がりでも自分大好きな商品を、インターネットで詳しく伝えることで商売になる。

④ 自分の手間を少なくして、他者にゆだねる「コバンザメ作戦」

自宅起業は、たいてい一人で始めることでしょう。「自分の商品を販売する」と一言で言っても、私のお菓子店では、仕入れ、製造、包装、配達、販売、経理、インターネットの作業などに加えて、家庭の用事がありました。

もちろん最初は、これら全ての業務を自分で把握する必要があります。しかし、この中には自分でなくても、誰か他の人でもできる仕事があることに、しばらくすると気が付きます。

私は最初、地方の住宅地にお菓子の工房を作りました。もちろん現代の「カーナビ」「グーグル検索」のない時代でしたので不便で分かりづらく、道順を説明しても迷ってしまうような場所でした。不便な場所で始めた理由は、「家賃がかからなかったこと」

と、商品を作ったら「卸販売」として配達して、お花屋さんの店頭で販売してもらう予定でいたからです。このお花屋さんは、地域では大きくて有名な園芸店でした。レジ前にスコーンを置いてくれたので、大きな看板の元、販売はお任せする形でした。ですのでこの卸販売には**「コバンザメ作戦」**という名前を付けたのです。

私の店の創業は4月でした。春の花を求めてたくさんのお客さんがその園芸店に来店しました。運よく、お庭作業で小腹が空いたときに、スコーンやバナナブレットがお役に立ちました。このお花屋さんで人気が出たことで、そこで買った人から「うちにも置いてくれませんか？」と卸販売のお問合せがあり、卸販売が広がっていきました。

一人で運営する「自宅起業」は、**自分だけで進めるには時間的にも肉体的にも負担がかかります。その仕事の中で、誰かに任せられることは任せた方がいい。**例えば、包装作業を近所のママ友に手伝ってもらうとか、配達を宅配便で出してしまうとか、経理をできる人にお願いするなどもそうです。

一人で始める起業ではあるけれど、一人ではないことを知っていてください。がんばり屋さんの事業主は、人に甘えない人が多いです。自分だけで無理をしがちです。私もそうだったので、体を壊しました。でも、すでにあなたは素敵な人たちに囲まれて、支え合って生きています。協力してくれる人は必ずいます。その人には心から感謝を伝えて、**一緒に成長することを目指せばいい**のです。

怖がりさんの自宅起業　成功のポイント④

★自分以外の人に仕事を任せられるかを考える「コバンザメ作戦」。
★あなたは一人ではなく、素敵な人たちに囲まれている。ともに成長することを目指す。

⑤ 怖がりさんの「売れる喜び」と「稼ぐ不安」

私がお菓子の販売を始めて迷ったことの一つに、「商品の値付け」がありました。

これは皆さんが起業したてのころによく突き当たることです。

「好きなこと・得意なことに値段が付けられない」「起業初心者の自分の商品が高くてはいけない」「売れるだけでうれしいので、たくさんのお金をいただけない」「お金のためにやっていない」などです。


あなたが自分で起業して仕事を始めようと決意するときに、そこまで好きで起業することになった商品やサービスへの、がんばりや時間、経験は、並々ならぬものであったと思います。

もしあなたが買い物に行って、気に入った素晴らしい商品を、売り手が「これはがんばって作ったんですけど、そんなに自信がなくて不安なので、安くていいですよ」と言ったら、安くても買う気がなくなってしまうでしょう。または、とても商品の知識があり、材料の質も高く、誰よりも愛情を持って提供しているのに、驚くほど安いときは、何か問題があるのでは？　と疑うことでしょう。

私のスコーンも、最初は材料代ぐらいしかいただいていない時期がありました。皆さんと同じような迷いからです。**商売とは価値の交換です。その商品の、材料、学び、経験、知識、情熱、人間性など、商品に至るまでにはたくさんのストーリーや価値があるはずです。**特に、私の手作りのお菓子は、工場で機械が大量生産するお菓子とは違います。「なんでこんなに高い値段がするのですか？　〇〇ではもっと安かったですよ」というお客さんがいらっしゃいます。そういう人にはよそで買ってもらいましょう。あなたの商品が欲しい、あなたのサービスが受けたいという、**あなたの価値を分かってくれる人こそが、長く続けていかなければならない店には、必要なお客さんです。**私はそこに気付いてから、値段付けへの不安がなくなり、経営状況が向上していきました。

あなたが一生懸命作り上げる価値と、それを喜んで受け取ってくれるお客さんとの関係が、売れる喜びを大きくし、稼ぐ不安を解消していきます。少なくとも仕事として提供するのですから、**対価をいただかないと、逆にそこには不公平が生じてあなたの価値が下がってしまいます。**それは売上に影響して、だんだんとモチベーションが下がってしまう原因になるので気を付けてください。

怖がりさんの自宅起業　成功のポイント⑤

★商売とは価値の交換。あなたの商品には、材料、学び、経験、知識、情熱、人間性など、そこに至るまでのたくさんのストーリーや価値がある。
★あなたの価値を分かってくれる人が、長くお店を続けるために必要なお客さん。
★対価をいただかないと売上げに影響して、モチベーションが下がる原因になる。

第2章

怖がり経営者のための自宅起業のメリット

❶ 自宅を起点にできる仕事

「自宅起業」と聞くと、自宅にずっといて、家の中で作業をするというイメージがうかぶかもしれませんが、実は自宅を起点にして、外に出かける仕事といったほうが、分かりやすいかもしれません。

起業当初の私は、自宅の工房でお菓子を作り、出来上がったら包装して、卸先のお花屋さんに届けていました。材料は配達の帰りに買い、銀行回りなどの用事を済ませてから帰宅していました。帰宅後は、パソコンでインターネットの受発注処理や、ＳＮＳの投稿などの宣伝活動です。

ただ、自室にこもって好きなことをするだけではなく、またインターネットでパソコンにかじりつくだけでもない。商品にもよりますが、**自宅を起点に、人を相手にして、自分がどう行動すれば収入につながるのかという考えを基にしたトータルの活動が「自**

宅起業」なのです。

自宅で活動する気楽な仕事か？　というとそうではなくて、商材を売るために、行わなければならないさまざまな作業があります。

【お菓子屋さんの場合】
①材料の仕入れ・下準備
②商品の製造
③包装・梱包作業
④配達・発送作業
⑤商品の受発注
⑥広告宣伝
⑦経理事務

製造などがない職種であれば、このうちのいくつかの手間は省けますが、**一つの仕事を立ち上げて、お金を得て、確定申告までを考えると、多くの作業があることを認識し**

ておかなければいけません。

主婦が仕事を家の外で行う場合、相当な時間を外部で過ごすことになります。それを考えると家を起点に仕事をすることで、子育てや家事と親の介護まで、**一日のスケジュールさえ整えれば、同じ建物内で可能になってくるのが「自宅起業」**ということになるのです。

怖がりさんの自宅起業　成功のポイント⑥

★人を相手に、自分はどう行動すれば収入につながるのかという全体の動きが「自宅起業」。
★一つの仕事を立ち上げてお金を得てから確定申告まで、多くの作業があることを認識しよう。
★一日のスケジュールを整えれば、同じ建物内で、子育てから介護までが可能になってくる。

②　家族の暮らしに目が届く……育児と介護の両立

「自宅起業」はあなたが社長なので、**一日のスケジュールを自由に決めることができます。**

我が家の子どもたちはぜんそくの持病があり、病気ばかりしていました。自宅で仕事をしているため子どもたちの急な変化に対応することができ、病院に行く時間の都合を付けることができました。

それと男の子3人の兄弟なので、元気が余ると大騒ぎです。今日の体調はどうか、どんなお友達と遊んでいるのか、危ないことに発展していないかなど、**近くで見守りながら働くことができました。**

同時に、介護が必要な両親がいました。私の場合は、ケアマネージャーさんと計画を立てて、ヘルパーさんに手伝っていただきながらの介護をしました。

介護の程度やその親御さんの病気の重さで、手間のかかり方は違うこと。介護する側の精神的・肉体的許容範囲の違いもあるので、**「自宅起業」ができるかどうかは、ご自身と家族で冷静に判断する必要があります。**

うちの母の場合は認知症でした。話す内容がだんだんおかしくなってきたので、家族で介護をしました。その後、家族だけでの介護は難しくなり、母はデイサービスに行きました。徐々に施設へのショートステイや訪問介護を増やし、最終的には老人保健施設にお世話になりました。家にいるときは、家族と協力し合いましたが、疲弊することもありました。そういうときは、人の力を借りることで、家族の心も救われます。しかしサービスが受けられないときや、病院の付き添いなどもあります。**私は自営業であったことで、仕事時間を調整し、母の介護や急な体調の変化に合わせることができました。**

父の場合は、ガンでした。スコーンを作る工房の横に父の部屋を用意し、作業しながらときどき様子を見ました。また、手を汚すことができない職業ですから、訪問介護や訪問看護等のサービスをたくさん取り入れました。そして、父の病気には、通院や入院もあります。私が自営業だからこそ、都合や時間を合わせて、父の看病をすることができました。父は自宅で療養しながら、家族の笑い声を聞き、姿を見られて、安心した闘病生活を送ることができました。

自営業は、自分で仕事の時間を決められます。**子どもの学校の用事、病気のときの対応、親の介護、それがすべてできたのは、私が自営業だったからです。**あらかじめ、仕事としての流れを自分で理解し、家族に関わる時間を入れ込みながら、最終的にお客さんにちゃんと商品やサービスが提供できるよう予定を立てればよいのです。

自分の仕事の規模は自分で決められます。経営だ、独立起業だというと、売上げがどのくらいで何人ぐらい従業員がいるのかということを聞いてくる人が多くいます。しかしそういう価値基準は、それが好きな人が取り入れればよいと思います。

目指す売上げや会社の規模は、自分で好きに決めればいい。そこへ向ける意識やエネルギーも、理想の形にするのは自分次第でよいと思うのです。

私が目指した「自宅起業」は、家族を見守りながら、生活できる売上げを上げて、自分のペースで継続する事業にすることでした。人それぞれ、どこへ向かってハンドルを切るか、どのタイミングでアクセルを踏むかは違うと思います。特に主婦の起業ならば、子どもが小さいうちは、スローペースでいいし、時間が取れるときはがんばって、また親の介護があるときはペースを落としてもいい。お金が稼げるほうへ行くのか、家族の笑顔とともに暮らすのか。**誰かの価値に流されるのではなく、自分で自分の目指す未来へ向かいましょう。**

その半面、「主婦起業だから勝手に休んでもいいのよ」と無責任な仕事ぶりでは、せっかくのファンになってくれたお客さんにとても失礼です。開店休業のような店では、社会的な評価は下がってしまいますし、あなたの人間力も問われます。そうなるとお店の継続が危ぶまれてしまいます。ですから、「起業する」という選択をしたならば、**「仕事を継続する」という責任感と向上心を持って行動すること**を心がけてください。

怖がりさんの自宅起業　成功のポイント⑦

★「自宅起業」はあなたが社長。一日のスケジュールを自由に決めることができる。
★介護と仕事の両立には、人それぞれ程度の違いがあるので、状況をみて判断。
★子どもの学校の用事、病気のときの対応、親の介護、それが可能なのは自営業だから。
★誰かの価値に流されるのではなく、自分で自分の目指す未来へ向かう。
★「仕事を継続する」という責任感と向上心を持って行動することを心がける。

③ 一年、一カ月、一週間、24時間の時間割と収入計画&ルーティン

一人暮らしで起業する場合は、すべての時間を自分で自由に使えますが、家族がいる場合は、家族との時間を考慮に入れて、**年間、月間、週間、一日の時間設定を、あらかじめ計画しておく**と、行動の目安になります。

子どもがいれば、行事や長期の休みと、登校・下校の時間です。旦那さんのお仕事やお休み、家族みんなでの時間も必要ですよね！　または、介護があれば、病院の予約や親の予定を聞いておき、仕事の時間を確保することが必要です。

また、同時にそこで設定した時間でいくらぐらいの売上げを上げたいかを計算しておく必要もあります。女性の場合、仕事に携わっている過程に満足して、売上げと利益の

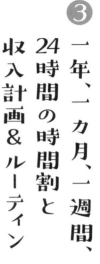

金額に意識が行かないことがあります。**スケジュールと売上げの計画の両方**を立てておきましょう。

①まず一年間のカレンダーを用意します。あなたのやりたい仕事と、受け取りたい年収額をざっと考えます。子どもや旦那さん、ご両親の顔を思い浮かべて、夏休みや春休みなど、仕事のできない時期や、たくさん稼げる時期などを把握します。

②ひと月に欲しい売上げ金額を決めましょう。そして、その収入を得るには、どのくらい月に働くかを考えます。家族の予定を考慮して、自分が働ける計画を書きます。週末だけ営業する店舗でもいいし、月末だけに集中してもいいのです。その月に働く日数と目標の売上げ金額が実行可能なものかを考えてください。

③次に一週間の計画を立てます。週末は働けないとか、何曜日は一日大丈夫とか、ばらつきがあってもいいのです。自分の必要な売上げが稼げるように、予定を決めていきます。あるいは、この週に仕事はしないけど、仕入れをする週にするとか、スキルを身に付けるための習い事を予定してもいいのです。

④最後に、一日の時間割を考えます。自分の仕事時間を確保します。ここでは突発的な用事が発生することを考えず、大まかな仕事をする一日のタイムスケジュー

ルを作りましょう。

自宅が職場ですと、気持ちが切り替わらないことがあります。雰囲気に流されて仕事を「あとで！」と先送りしないために、**自分にとっての仕事に入っていけるルーティン**を作りましょう。

例えば、「必ずコーヒーを1杯飲んでから仕事に入る」とか、「外に出て散歩をしてから仕事に入る」などです。簡単でしかも習慣化できることを決めて、気持ちの切り替えをします。

【年間予定を立てる】（サンプル）

月	子どもの行事	夫の用事	親の用事
1月	お正月休み 始業式8日	正月休み4日まで	手術・入院
2月			入院

3月	春休み　終業式20日		毎週通院（木曜日）
4月	入学式8日		毎週通院（木曜日）
5月	運動会〇日		毎週通院（木曜日）
6月			
7月	夏休み22日から		
8月	夏休み31日まで	夏休み5日間	
9月	遠足〇日		
10月			
11月			
12月	冬休み24日から		

【月間の働き方】

月	月刊売上げ	仕事日数（月間）	働く時期
1月	20万円	5日	3週目と4週目
2月	30万円	8日	3週目と4週目
3月	20万円	5日	2週目と3週目
4月	20万円	5日	3週目と4週目
5月	65万円	16日	毎週4日間
6月	65万円	16日	毎週4日間
7月	20万円	5日	2週目と3週目
8月	0		
9月	65万円	16日	毎週4日間

【目標金額】

年　商：500万円希望

利益率：○○%

利　益：○○○円

※売上げから仕入れ、経費などを引いて実際にいくらが自分の使える金額になるかを計算する

10月	65万円	16日	毎週4日間
11月	65万円	16日	毎週4日間
12月	65万円	16日	毎週4日間

【週間予定】

週	営業日	仕事内容	詳細
月			息子の病院
火			親の病院
水		製造・仕入	下準備と材料の買い物
木	○	店舗営業・製造	
金	○	店舗営業・製造	発送の注文あり
土	○	店舗営業・製造	
日			お見舞い

【一日のスケジュール】

6：00	起床
6：30	朝食準備、お弁当〜朝食
7：30	子ども・夫　学校・会社へ送り出す
8：00	洗濯干し
8：30	仕事開始　製造
11：00	開店
13：00	昼食
17：00	閉店・あと片付け
18：00	子どもの塾送り
18：30	経理事務
19：00	夕飯準備
20：00	子どもの塾迎え
20：30	夕飯
21：30	夕飯片付け
22：00	お風呂
23：30	就寝

一年、一カ月、一週間、24時間の時間割と収入計画&ルーティン

怖がりさんの自宅起業　成功のポイント⑧

★家族との時間を考慮に入れて、年間、月間、週間、一日の時間設定の計画を立てる。
★スケジュールとともに、売上げと利益の両方の目標を立てておく。
★自分にとって、仕事に入っていけるルーティンを作る。

④ 通勤時間と経費が削減できる自宅起業のうまみ

「自宅起業」は、**「通勤時間」がありません。「家賃」もかかりません。**これは小さな個人事業主にとっては、とってもうれしい節約です。新型コロナウイルス感染予防のため、外出自粛をしていた期間、お客さんが訪れない店舗は、その「家賃」の支払いで皆さん苦労していました。繁華街での商売では、たくさんの集客が見込めます。「商売は場所で決まる」と、従来の常識では捉えられていました。今回の新型コロナウイルスの事態では、そのセオリーが大きく揺らぎました。

私が自宅起業を始めた2003年ごろは、まだ「店舗」というリアルビジネスが主流で、インターネット販売はこれから伸びようとしていた時期でした。それが2020年にはキャッシュレス決済も浸透し、スマホで買い物ができる便利な時代になっています。

そんな中、新型コロナウイルスの影響でリモートワークやＷｅｂの取引きが激変したのは大きな出来事です。

この、新型コロナウイルスの騒動で商売を省みて学ぶとしたら、**一つの商材をいくつかのツールで販売できるように準備する必要がある**ということです。また、**経費を低く抑え、事業規模を小さくしつつ、商圏は広げて利益を大きくする**こと。

①家賃・経費を抑える
②販売方法のツールをいくつか作る
・店舗販売
・インターネット販売
・卸・催事出店
・教育事業
③商材を少なくする
④アウトソーシング・コミュニティを利用するなどして手間と固定費の節約をする

「自宅起業」はそれらをすべて網羅しているので、新型コロナウイルスの影響を低く抑えることができました。**大きく手広く商売をする時代から、小規模でも確実に利益を得る商売への変化**を肌で感じました。

怖がりさんの自宅起業　成功のポイント⑨

★自宅起業は「通勤時間」と「家賃」がかからない。
★販売のツールを増やして収入の蛇口を複数持つことと、経費を節約すること。

第3章

怖がりの起業メソッド

1 自営業で大切な3つのこと

自営業は、自分で営む生業《なりわい》です。商品を作り、宣伝をして、買ってもらいます。「自分の好きなことをしてお金をもらう」、と解釈している人がいるかもしれませんが、そうではありません。**仕事とは、「相手の問題や不便さを解決して、対価をいただくこと」です。**だから、〝ありがとう〟の数が仕事の評価だと思います。そして〝ありがとう〟は仕事のエネルギーなのです。

私は、自営業では次の3つが大切だと思っています。

① 商品力

自分の好きなことや得意なことが仕事になれば、仕事自体が楽しいし、得意なことなのだから品質はさらに良いものになってゆくでしょう。自分がその商品に自信を持ち、お客さんが喜んでくれる商品を作り上げることは、とても大切です。さらに、お客さんが問題や不便を感じていたことを解決する商品であること。自分の好きなものを一方的に買ってもらうことが起業ではないのです。**「あれが欲しい」と言われる商品が「商品力がある」というのです。**

②宣伝力

会社員と違って、自営業は決まったお給料が毎月入ってくるわけではありません。お客さんが買ってくれてはじめてお金をいただけます。しかも、前もって投資する資金や勉強が必要ですし、材料代や維持費がかかってきます。**大変な努力をしてできた商品でも、偶然買ってもらえるわけではありません。自分から宣伝する必要があります。**だから自営業を「自分で営業する生業」とも言うのです。お客さんに分かるように伝えて、**欲しいと思っていただくことが「宣伝力」**です。

③人間力

巷《ちまた》には、たくさんのお店や同じような商品があふれています。その中からあなたの商品を買ってもらうには、あなた自身がお客さんにファンになってもらえる人にならないといけません。「商品は誰から買うか」が大事な時代になっています。**「あなたに会いにあなたのお店に何度も行きたいと思う人」を育てることが、自営業で成功する秘訣です。**

それにはあなた自身が常に「心」を成長させる努力をすることだと思います。

自営業で大切な３つのこと

怖がりさんの自宅起業　成功のポイント⑩

★仕事とは、「相手の問題や不便なことを解決して、対価をいただくこと」。

★「商品力」「宣伝力」「人間力」を磨こう！

② 起業手順 お金をかけない始め方

「自宅起業」では、できるだけお金をかけないことが大事です。最初から店舗を作ろう！　とか、事務所を構えよう！　という目標は立てず、まずは土台作りから考えましょう。

以下の順番で、あなたのプランが自営業としてやっていけるかどうかを、確かめてみましょう。順番に進めて、低い予算から動き出します。仕事として可能なのかどうかを調べながら、商品の売れ方や、商品作りなどを確認していきます。その中で滞りがあれば、**どうしたらうまくいくかを検討して、お客様のニーズや要望を調査し、方策を実際に実験してみましょう。この、起業前の準備が大切です。**

【起業手順】

①あなたの商品を決める。
②法律や資格制度、自宅で仕事ができるか、商売ができる地域か、賃貸物件は許可が出るか、増改築ができる建物かを調べて、始める前に自分がその仕事に携われるかを確認する。
③仕事として立ち上げる前に、バザーやイベントで、その商品を「試しに販売」して、売れ行きと作業手順を確認する。
④ブログやＳＮＳで、自分が商品やサービスを提供することを発信する。
⑤自分以外で、あなたの仕事やその商品の販売に協力してくれる人を探す。
⑥試しに、インターネット上で販売してみる。個人名で出品できるオークションサイトやメルカリなどの販売サイト、または趣味の手作りサイトで商品を売ってみる。
⑦最後に、本当に起業するかを考える。

自分の中で、この仕事で起業したい！　と思ったら、「試しに売ってみること」が重要です。最終的に「起業」「お店を作ること」が目標でも、自分の能力を徐々にステップアップさせて、**息の長い商売をすることが、女性にとって毎日楽しく暮らせる起業になります。自分が責任を取れる範囲で、進めていきましょう。**

怖がりさんの自宅起業　成功のポイント⑪

★「自宅起業」では、できるだけお金をかけないことが大事。
★実際に実験しながら進める起業前の準備が大切。
★自分が責任を取れる範囲で進める仕事が、女性にとって毎日楽しく続けられる起業。

③ 試そう！あなたの商品は売れるの？

「この商品で起業するぞ！」と、いきなりお店を作ってしまうなど、試さずに大きな投資をすることはとても危険です。一か八かの博打になってしまいます。**正式に始める前に、売れるかどうかをテストすること**はとても大切です。

現在は試す機会がたくさんありますから、そこで十分テストをして検討しましょう。

【リアルにお試し販売してみる】

※食品の販売は食品営業許可証がないと販売できませんので、注意してください。

① 学校や幼稚園・保育園のバザーやお祭りで販売する。

② 地域で開催されるお祭りやイベントに出店して販売する。

③ コミュニティや趣味の集いなどで出店して販売する。

④イベントや教室を自分で開催して販売する。

【インターネットでのお試し販売】

①オークションサイトで販売する……ヤフオクなど。
②手作り品販売のサイトで販売する……クリーマ、ミンネなど。
③フリーマーケットで販売する……メルカリ、ラクマ。
④ご自身のブログやフェイスブックなどで販売する。

この段階での販売は、起業するか否か、店舗にするか否かという、前段階のテストです。**試しにお客さんに購入していただいて、どのくらいの数量が売れるのかと、良い点や悪い点の感想をいただくこと**が目的です。お客さんにとって問題を解決している商品なのか、もう一度買いたいと思ってもらえる商品なのかを、客観的に見てください。値段を付けるときの参考になる意見もいただけます。ここでの評判や感想が、本当に起業していいのかどうかを決める重要な機会になるので大切に取り組みましょう。

怖がりさんの自宅起業　成功のポイント⑫

★正式に始める前に、お試し販売で売れるかどうかをテストすること。

★どのくらいの数量が売れるのかと、良い点や悪い点の感想をいただくことが目的。

④ 発信しよう！あなたのサービスに合う伝え方

自宅起業には、「宣伝力」が大事であるとお伝えしました。現在は、自分から発信するツールがたくさんあって、しかも無料で宣伝できる時代です。ひと昔前は、新聞・雑誌広告や折り込みチラシ、タウン誌といった限られた広告媒体で、広告費をかけて発信するという、少しハードルが高い時代でした。インターネットの発達により、今や無償で広告が出せる便利な時代になりました。

しかし、ただ「買ってください」と書いても誰も買ってくれません。伝える技術が必要になってきます。販売したい商品やサービスによって、伝わりやすい媒体があります。売りたい相手がたくさん見てくれるところに、あなたの商品を上手に表示することが、お客さんの購買意欲につながります。成功している事業主は、これを根気よく続けています。

「パソコンは苦手だから！」「頻繁にアップするのはめんどくさい」と、挑戦しないのはとてももったいないことです。すでに多くの事業者が取り入れています。無料でお客さんに伝えられるこれらのツールを利用して、自分の商品を知ってもらいましょう。それぞれのＳＮＳには特徴があるので、自分のお客さんが多く利用しているＳＮＳ、広告宣伝方法を選んで投稿するとよいでしょう。

①ブログ

自分の伝えたいことをたくさんの文字で書けるので、情熱のこもった内容を掲載していると、ファンが付いてきます。あなたが商品と出合った経緯や、商品説明などのストーリーを描き続けることで、ファンは商品やあなた自身を好きになり、お得意様になっていきます。

②フェイスブック

基本的にはお友達同士で近況を伝えあうツールです。記事を上げて、お友達に

「いいね」を押してもらう。またはお互いにコメントを書いて交流するサイトです。30～50代がよく利用しています。友達承認している仲間と、興味を持っている人が閲覧する「範囲」を設定することができます。

③インスタグラム

写真がメインの発信ツールです。「インスタ映え」という言葉があるように、写真映えする商品や風景を載せると、ファンが増えてお仕事にもよい影響が出てきます。目に訴える効果があるので分かりやすく、多くの年代が興味を持つツールです。

④ツイッター

１４０文字で今を伝えるツールです。タイムラインという、今見えている画面は、記事が追加されるとどんどん流れてゆくので、現時点での新鮮な情報が見られます。また、フォローしている相手であれば、その人のページへ行き、遡って過去の投稿を読むことができます。お店の開店時間や商品の情報を告知できます。

筆者のお店のホームページ

⑤ **ユーチューブ**
動画で見せるコンテンツサイトです。映像なので情報が分かりやすい媒体です。携帯電話やパソコン上で自分の趣味や好みの動画を選んで観られるので、これからますますテレビを観ないでユーチューブを観るという世代が増えるでしょう。お店や商品、店主などを動画で紹介できます。

⑥ **ホームページ**
ブラウザーでインターネットにアクセスしたときに表示されるWｅｂページのこと。Wｅｂページはお店としても作成できます。名刺、パンフレット、コンテンツの入り口という役割がホー

ムページです。その人らしい写真や動画、絵で、商品や伝えたい内容を詳細に案内できます。現代人は店の情報を端末の検索機能で調べるので、ホームページを作ることは重要です。店舗販売、インターネット販売、起業をした場合は必要になる媒体です。

⑦
メールマガジン

発信者が複数の講読希望者に対して一斉に配信するメールのこと。「メルマガ」ともいいます。ＳＮＳやホームページで店やサービスに興味を持った人が、メールマガジンを受信して講読することによって、さらに店主や店の在り方を知る機会になります。店側から発信して読んでもらう情報ツールです。メールマガジンを講読してくれているお客さんは、その店の商品を購入する機会が多いリピーターやファン層といえます。

⑧
ライン@（ラインアット）

メールマガジンと同じように発信型の情報ツール。店舗系ビジネスで活用されています。メールマガジンは、メールを開封しないと読まれませんが、ライン@は、スマホの画面上に表示されるので、手軽に開封してもらえます。受信すると開封するまで着信マークが消えないため、お客様に読んでもらいやすいツールとして有効です。

⑨タウン誌やチラシなど

ＳＮＳではなくても有効な広告はあります。地域のタウン誌やフリーペーパー、新聞折り込みチラシなどです。こちらは広告宣伝費がかかるので、売上げに反映されるように計画を立てて発行するとよいでしょう。

⑩ＳＥＯ対策など

インターネット上の集客対策として、「ＳＥＯ対策」「リスティング広告」「ターゲティング広告」などがあります。お客さんが情報を検索するタイミングで、自分の店を見てもらいやすい場所に表示するという、技術と費用がかかる宣伝方法です。こちらはビジネスが開始されて、成長する時期を見て行うワンランク上の対策です。

⑪ **口コミ**

昔からいちばん強い宣伝は「口コミ」です。しかも無料です。一度買ったお客様が、家族やお友達、会社の人、近所の人に直に伝える言葉が、いちばん真実味を持って強力に伝わります。ですので、商品の品質やお客様と接しているときの態度、印象は一期一会のつもりで接すること。人間的な基本を踏まえることが大事だと思うのです。アナログが持つ力は忘れないでください。

怖がりさんの自宅起業　成功のポイント⑬

★現在は、自分から発信するツールがたくさんあって、しかも無料で宣伝できる時代。

★宣伝媒体にはそれぞれ特徴があるので、自分のお客さんが多く利用しているSNSを選んで発信するとよい。

★昔からいちばん強い宣伝は「口コミ」。態度や印象は一期一会として、人間的な基本を踏まえてお客さんに接する。

❺ 売ってみよう！ インターネットでの販売

「商品・サービス」が決まって、ＳＮＳで自分の商品のアピールができるようになると、少しずつですがあなたのファンが増えはじめていることでしょう。お客さんになってくれる人が増えてきたら、インターネット上でお店を作って販売してみましょう。

３節（66ページ）の「試そう！　あなたの商品は売れるの？」のところですでに実際に販売したかもしれませんが、今度はインターネット上での販売を開始します。販売の規模を徐々に大きくしていきます。

インターネット販売の方法は、大きく分けて４つあります。それぞれに長所と短所がありますので、自分がどんな未来を手にしたいかをまず考えた上で、今やっておくべき段階に合ったインターネット販売を選んでください。

①ショッピングモールに出店して販売する（楽天、ヤフーショッピング、アマゾンなど）

大手のショッピングサイトなので、競合他社がたくさんあります。月額の支払い費用とロイヤリティーがかかります。モールを訪れるお客さんは多いのですが、自分のお店を見てもらうために、サイトの作り込みや上位表示するための広告宣伝予算などが必要となります。潤沢な資金を持っていて、宣伝技術を知っている事業者にとっては、有利な販売ができます。

②自分のホームページを作り、決済機能を組み込んで独自で販売する

ホームページの制作費用はピンからキリまであります。出来上がったページの品質は、制作業者の腕やかける費用によって差があり、それが売上げに影響します。しかしホームページを作っただけでは、検索で直接店名を入力してくれるか、SEO対策や検索キーワードを上手に配置しない限り、人の目にはほとんど触れません。ご自身でSNSの投稿を増やして記事を書くことでファンが増え、ホー

ムページへの導線ができるので、日々のSNS投稿や商品の品質向上が大切になります。

③趣味の手作り商品販売サイトや、地域性やテーマの決まったショッピングサイトで販売する

それほどパソコンには詳しくない女性にも作りやすいのがショッピングサイトです。自分の商品や関連情報を型（テンプレート）に則って入力していけば、お客さんが閲覧して買い物するページが出来上がります。そのモールで、商品を探しているお客さんに買い物してもらいます。できるだけきれいな写真やアピールする文章を表示できると、閲覧数が伸びて購入されるようになります。

④オークションやメルカリ、ジモティー、ラクマなどのお客様と直接取引きするサイトで販売する

商品写真と短いアピール文章、値段を入力すればすぐに販売できます。ただし、すでに中古品や使わない品物が多数販売されているショッピングサイトなので、あなたの商品の価値が下がってしまうことがあります。早く商品を売りたいとき

には効果があるかもしれませんが、商品価値が下がってしまうので、仕事のツールには向かないかもしれません。

以上のような、インターネットで販売するサイトの特徴をよく理解した上で、ご自身に合った販売を選んでください。

食品販売の場合は、保健所から「食品営業許可証」という許可をもらわないと販売ができません。そのため、食品販売を希望する人は、保健所が許可をする厨房を作った後に販売をすることになります。厨房工事をするということは、大きな投資になりますので、腹を据えて取り組む覚悟が必要です。

インターネットで販売することができない商品であれば、インターネット販売を飛ばして、店舗での販売を始めることになります。しかし、**コロナウイルス感染拡大時の教訓で、販売のツールはいくつか持っていたほうがいい**と多くの人が学びました。あなたの商品が、インターネットとリアル店舗の両方で販売できるように準備しておくことをお勧めします。

怖がりさんの自宅起業　成功のポイント⑭

★インターネット販売の方法は、大きく分けて４つ。長所と短所を確認して選ぶ。

★食品の場合は、保健所の許可がなければ販売ができない。腹を据えて取り組むこと。

★社会状況の変化に対応するために、販売のツールはいくつか持っていたほうがいい。

⑥「女性性」を大切にしたお店の作り方

リアル店舗を持つのは投資の中でもいちばん資金を使う行動となります。インターネットで売れるかどうかを試してからでも、遅くありません。インターネットでお客さんの反応を見ること。宣伝して集客する流れをつかんでおくこと。そして、予算を立てて収入を作り出す形を知っておくことで、将来リアル店舗を構えるとき役立つ、経験の蓄積と知恵を身に付けることができるというわけです。

カフェや飲食店、エステサロンやネイルサロンは、お客さんに直接提供するサービスなので、インターネット上での物販は必要がない業種です。しかし、SNSでお店のアピールをして、商品を案内することは今や常識です。そこでお店の特徴や店主の素顔を伝えておくことが、お店にお客さんが行きたくなる最初のステップになります。物を販売しない場合でも、インターネットを使った宣伝はとても効果があります。

例えば1万円の商品を売るとき、どうすればその商品を販売できるかの方法を知らなければ1万円を手にすることはできません。その後2万円が欲しいと思っても、**1万円が稼げないのであれば2万円は手にできない**のです。SNSで情報を伝えるのは無料です。しかもたくさんの人が利用し、常に情報を探しています。インターネットでの発信を心得ておくことが、リアル店舗での集客につながっていきます。情報発信は、最初はうまくできないかもしれませんが、地道に発信することにより、コツが分かってきます。階段を上るように、自分のできることを増やすことで、継続できる潰れない店が出来上がっていくのです。

実際に店舗があり、実際にお客さんが目の前にいることで、働いている実感が湧きます。自分の作り上げた商品やサービスで「ありがとう!」と言っていただくと、なんとも言えない充実感で満たされます。リアル店舗を持つことは、自分の夢の集大成になるでしょう。

その大切な夢の城が長く続くためには、前もって**お店を維持する能力「集客力」を身に付けておく**必要があります。女性の場合、「お金のために宣伝してまで仕事をすることは何か嫌だわ！」と思う方が多いかもしれません。

しかし、「商売をする」「自営業をする」「起業する」ということは、収入を得て経営を維持していかなければいけません。**自分の好きな箱の中で幸せに浸っているだけ**では、一向にお客さんは訪れません。そこは自分の中の「男性性」を発揮して、責任感を持って取り組まないといけません。

男性は、「行ってきます！」と言って家を出ると、「ただいま！」と夜遅くに帰ってくるまで仕事一筋に没頭できます。骨の太さ、筋肉のつき方や量、スピードや持久力など、体格が違います。脳の作りや判断基準も異なります。男性は、**社会や会社や家族への責任感が元々備わっていて、愛する者のためにがんばれます。**手に入れたいものへ挑戦してゆくのが「男性性」なのです。

女性は、**安心感や守られている環境があることで、自由に好きなことをして柔軟に対応できる感性と、周りに愛を与える力を持っています。**子どもやお年寄りや家庭をいつも気にする「母性」とか「女性性」がある。そういう違いがあるからこそ、両性には役割があるのだと思います。

家が職場である「自宅起業」は、自分を守れる安心した環境と、見守りたい家族がそばにいて仕事ができる、女性にとって都合のいい働く環境です。その女性が、商売をするという能動的な経済活動をするのですから、そこでは「男性性」のパワーも表現していきましょう。

女性が独立するということは、かなりのチャレンジ精神が必要になります。「女心と秋の空」という言葉があるように、そのときの気分でコロコロと変わってしまうのが女性です。しかし、仕事として始めた「自営業」が残念な結果になっては、あなたの心も残念になってしまいます。昔は限られた分野でしか働けなかった女性が、現代はさまざまなジャンルで当たり前に活躍できる社会になりました。でも、女性の仕事の歴史は昭和時代から始まったばかりです。ですから、「自営業」で独立するときに、怖さや不安が襲ってきても当然なことです。きのうはがんばれると思えても、今日はダメだと感じてしまう。だとしても、**それも「あり」なんだと認めてあげて**ください。

私が子どものころ、近所の文房具屋さんでは、おばちゃんが店番をしていました。私が「すみませ～ん！」と大声で言ってもなかなか出てきません。少しすると慌てて店に現れて「洗濯物を取り込んでてね……ごめんね！」と、言います。奥で家事をしていたのです。大人になり、自分が家族を見守りながら家で仕事をする選択をしたとき、あのおばちゃんのことが頭に浮かびました。家事と仕事の両立のイメージです。

私は、「起業」という未知への挑戦の中で、「この仕事で生きる」という素直な心に従い、不安要素を消しながら、前に進む選択をしてきました。スピードは遅いかもしれません。しかし、「我慢」は誰にとってもよくありません。男の人が自分の道を進むのと並行して、女性や主婦やお母さんも、自分が輝く分野で活躍して働くのは、コロナショックがあろうがなかろうが、時代の流れの中で必ず発展していくでしょう。**自分の大切な人たちの笑顔を守り、仕事を確立させていくことは、女性として母として「女性性」を大切にしている働き方**なのだと思います。

怖がりさんの自宅起業　成功のポイント⑮

★リアル店舗を持つことは投資の中でもいちばん資金を使う。インターネットで試してからでも遅くない。

★お店を維持する能力「集客力」を前もって身に付けておく必要がある。

★自分の大切な人たちの笑顔を守り、仕事を確立させていくことは、女性として母として「女性性」を大切にする働き方。

第4章

あなたにとって大切なものを確認しよう

❶ 仕事以外で
あなたが大切にしたいものは
何ですか？

時代が変わっても、家族構成や経済の環境が変わっても、そこに存在するのは自分です。肉体を持った自分の中に、心や思考や魂があって、自分を動かしています。環境の変化や災害、思わぬ事故で影響を受けることはあります。今回の新型コロナウイルス感染のように、青天の霹靂や、想像していなかった事態が起きることもあります。しかしその中でどのように未来へ進むかを決めるのは自分です。

周囲の登場人物や状況は「設定」であり、そこに存在する自分は、自分の人生のストーリーを自由に作ってよいのです。しかし、店頭やお菓子教室でお客さんとお話をしていると、親や周りの顔色を気にして動けないでいる女性たちがたくさんいることに気づきます。または、誰かを補助することを自分の役割として生きているので、自分の夢ややりたいことを持たない人もたくさんいます。周囲のエキストラや大道具・小道具は人生をさらに彩ってくれる名脇役ではありますが、主役はあくまでもあなたです。

私自身、決して恵まれた生い立ちでもないですし、心や体が頑丈でもありません。ただ、**「こうなったらいいのにな」という未来を想い描きながら、**今できることにベストを尽くしてきました。

あなたがこれから先の未来を計画するとき、自分の人生で**「何を大切にして生きるか」**を決めると、方向性が見えてきます。想像してください。誰に気兼ねすることも、社会や親などに惑わされる必要もありません。妄想でいい。結局、「自分がどうしたいか」をイメージすればいいのです。

私の場合は、この仕事で生きると決めたとき、**「自分は体が弱いので、この体でできる範囲で、子どもたちの成長を見守りながら、潰れないお店にして、収入を維持したい」**と思いました。起業しようとは思っても、ただ売上げ額や会社の規模を競うような経営には、興味が向きませんでした。

この経営スタイルは、優秀な男性のコンサルタントさんや、商工会の経営相談の指導では、問題を解決する方向が微妙にかみ合わないことを感じました。しっかりと結果を出す男性型の経営指導は、未来の数字を求めるために、現在の原因を究明し、問題解決をして、日々業務を進めるといった正しい指導をしてくださいます。しかし、女性的な経営では、日常の家庭のやりくりから、揺れる心を安定させること、スピードは出したくても出せないし、仕事だけに打ち込める時間の確保も男性とは違っていて、結局自分のペースで、「トライ&エラー」を繰り返しながら、**「自分軸」で進むスタイル**になってしまうということなのです。女性型の経営は結果的に、**自分がどんな未来が欲しくて、この仕事をするかがいちばん重要である**と思うのです。

男性型の経営から見たら、「甘い」と感じるかもしれませんが、**女性の経営には時間が必要**です。なぜなら、**女性ならではの「マルチな日常生活」が存在する**からです。男性が、売上げ額や会社の規模を大きくすることを求めて活躍することはカッコいいと、私は思っています。しかし女性型の経営は、その人その人の大切なもの、「夫婦の時間」、「子どもの笑顔」「自分の趣味」「親の介護」を含めながら、未来に進んでいることを分かってほしいと思います。

怖がりさんの自宅起業　成功のポイント⑯

★あなたの周りの登場人物や状況は「設定」なので、そこに存在する自分は自分の人生のストーリーを自由に作ってよい。

★女性型の経営は、自分がどんな未来が欲しくてこの仕事をするかがいちばん重要。

★女性の経営には時間が必要。なぜなら、女性ならではの「マルチな日常生活」が存在するから。

② 自分がする仕事と誰かに任せる仕事を分けよう

起業の当初は、頭に思いつくことを順番にやっていくしかありません。それが日常となり、習慣になっていきます。その中で自営業は、お客さん側から見える仕事と、外からは見えない裏の仕事があることに気が付きます。お菓子屋さんでは、お菓子の製造は商品となって目に見えますが、お菓子が入る型紙を作ることや、材料の下準備、広告宣伝や経理事務作業などは見えません。当然、最初のころはすべて自分でやるべきだと思います。少しでも経費を安くすませないと利益が出ませんし、起業したての事業主にとっては運営全般を知る必要があるからです。

半年、一年と進めていくと、単純な作業と自分しかできない仕事が見えてきます。そのとき前者において誰かの手を借りることで、効率が上がって、売上げがよくなる場合

筆者とスタッフ

があります。作業を分担できることは、**自分の時間に余裕が持てるし、体をいたわれること、また自分にしかできない他の仕事をする時間が得られます。**自分が急病のときや仕事ができないときに、従業員や手伝ってくれる人がいることで、自分の代わりに仕事を任せられる安心材料にもなり、さらに雇用を生むことにもつながります。

自営業は、どうしても事業主が一人で全作業を抱え込んでしまいがちですが、**売上げや受注に余裕ができ始めたのなら、仕事を分けることを**考えてください。

スコーンドルフィンでは、最初はパートタイムの女性を雇いました。包装作業やスコーンの型抜きといった簡単な作業を手伝ってもらいました。それは起業から1年半が経ち、作業量が増えたからです。

また、材料の下準備で、チョコレートを細かく砕いたり、ケーキの型を折ったりする作業があります。そういった単純な作業を障害者の職業訓練施設に出すことにしました。卸販売や百貨店の催事で製造数がさらに多くなったからでした。その作業はとても単純なものですが、障害者の皆さんにとっては、働いていることが生きがいになっています。そして、材料の下準備ができていることで、製造する私たちはかなり効率よく製品を作ることができるようになりました。**作業を分担することは、自分にも周囲にもとてもよい循環を生む**のです。

怖がりさんの自宅起業　成功のポイント⑰

★作業を分担すると、効率が上がり売上げが伸びる。

★人の手を借りると、自分の時間に余裕が持て、体を休められ、他の仕事ができる。

★自分の代わりに仕事を任せられる人の存在は安心材料になり、雇用を生むことになる。

★作業を分担することで、自分にも周囲にもとてもよい循環を生む。

③ 体力温存・無駄な時間・経費・材料ロス削減のリスト作り

自営業は体力だな、とつくづく思います。自宅が職場の「自宅起業」の場合は、仕事も家事も境目がないため、いつも動いてしまいがちです。一日に活動できる体力の量には限界があります。事業主としての自分と、主婦としての自分を上手に動かすためにも、意識の中に、節約できるポイントを押さえておくようにするだけで、効率よく働けるようになります。

【「効率よく行動するリスト」作り】

① **体力を温存する**……力を他の仕事に回したり、家族との楽しい時間に回すために、無駄な動きを意識してなくしましょう。

② **時間の無駄を省く**……一人で作業すると、仕事は一つずつ進めることになるため、

費やす時間が長くなってしまいます。組み合わせを工夫したり、二度手間をしないようにします。

③ **電気・ガス・水道などの経費削減**……少しでも節約する意識作りが必要です。

④ **材料ロス**……材料を上手に仕入れないと余らせてしまうし、売れない場合は廃棄などのロスにつながります。それらは売上げから引くので、利益が薄くなってしまいます。

効率よく行動するリストを作成し、少しでもロスを少なくしましょう。

【効率よく行動するリスト】（サンプル）

①体力	作業工程をまとめる。商品点数を少なく厳選する。制限時間を決めて動く。
②時間	買い物は購入品目を書き出しておいて、まとめて行く。
③経費	夜遅くまで仕事しない（電気）。お菓子の焼き上げをまとめる（ガス）。洗い物をまとめる（水道）。
④材料	在庫を少なくする。こまめに仕入れる。売れる量を把握する。

怖がりさんの自宅起業　成功のポイント⑱

★意識の中で、節約できるポイントを押さえるように心掛けるだけで、効率よく働けるようになる。

★体力、時間、経費、材料の無駄を省き、ロスを少なくする。

④「本日のやることリスト」を作る

自分が仕事以外で大切なものは何かが分かりました。仕事を分担すること、無駄を省いて節約することも分かりました。これらはそのまま、前もって知っておいてほしい**「転ばぬ先の知恵」**です。

それを踏まえて、**今日やるべき作業や行動を書き留めておくことで、行動に移せるようになります。**事業主のあなたは、次から次に仕事のアイデアを思いつくので、気をつけないと一日の作業がエンドレスになります。また、思いついたことを忘れてしまうこともあります。家が職場なので、仕事とプライベートの境目がありません。女性にとって働きやすい場所ではありますが、**がんばりすぎてしまうこともあるし、なまけてしまうこともありうる環境**なのです。

ですので、自分で考え、手で書き出し、目で見て、「あとで」にならないように今日の作業を今日行動できるように「本日のやることリスト」を作りましょう。このリストは一日分です。**仕事を始める直前に書き込むか、前日に作っておきます。**順番や時間を効率よく入れ替えながら役立ててください。

【「本日のやることリスト」の注意点】

① 就寝時間を決める
② 「自分の大切なこと」に充てる時間を取る
③ 仕事開始時間は一定にする
④ 今日やるべきことを書き込み、計画したことは必ず終わらせる
⑤ 一日のうち数回休憩時間を取る

【本日のやることリスト】（サンプル）

時間	本日のやること
午前	6：30　起床～朝食、洗濯 8：00　製造 スコーン 100 個 バナナブレット 10 本 10：00　休憩 15 分 11：00　お店開店　レジ、看板 小物ラッピング、洗い物
午後	12：00　ギフトセットラッピング 13：00　昼食 14：00　発送商品包装 16：00　休憩 15 分 16：15　ブログ、Facebook アップ 18：00　閉店　レジ締め、そうじ
夜	19：00　子どもとの夕食 家族時間 22：00　ネット受発注確認、メール 22：45　お風呂 11：30　就寝

怖がりさんの自宅起業　成功のポイント⑲

★今日一日のやることリストを当日の朝か前夜に作ることで、アイデアを行動に移せるようにする。

★がんばりすぎてしまうか、なまけてしまうかのいずれにも陥りやすい環境なので注意する。

第5章

開業前から開業後に必要なマインド

1 開業前までの自己投資と心配要素の洗い出し

「自宅起業」で仕事を始めようと決めた人は、ポジティブで自分の人生に対して向上心を持ち、素敵な歳の取り方をしてきたのだと思います。きっとそれを「輝いている」っていうんですよね！

ここからは自宅起業を始める人に向け、心の持ち方についてお伝えしようと思います。

まずは「自宅起業」を決心してから、開店するまでの心です。

この時期は、これからの自分の夢に向かって、明るい未来ばかりでワクワクした日々です。自分の現在の立ち位置で考えた末、「自営業になる」と決断して、未来への希望で楽しいことでしょう。しかし、たまに大きな不安に襲われて前に進めなくなることもあります。

　そういうときは、**セミナーに参加したり、占いや相談会などに行きたくなったりします。自分の判断に自信がなくなり、他者に頼りたくなるのです。**不安要素を消してゆくことは悪くはありませんが、ぜひよく吟味して行動してください。

　インターネットで検索すると、たくさんの講座や教材に出合います。そういう講座に出てみると、**刺激になるし、講師や他の参加者の熱量にも感化されて、テンションが上がり、やる気が出ます。**流れにうまく乗って結果を出せることは素晴らしいです。日常に戻り、一つ二つと障害物に出合うと、せわしさにかまけて行動できないときがあります。そうすると、結果が出ないまま、次のセミナーや次のアドバイスを探しに出かけてしまうことになります。不安な自分の心は、**何が足りなくて何が不安なのか。どうすれば改善できるのかを、冷静に考えましょう。**一人で解決はできないのか。講座に行くなら、講座の費用や内容をよく調べて、集中して自分の実力をつけていきましょう。

不安な気持ち	改善するための行動
(例) 怖い、心配、自信がない。どう始めるか順番が分からない。経営が分からない。手続きが分からない。	(例) 起業セミナーに参加。学校に通う。商工会に相談に行く。自分で考える。

怖がりさんの自宅起業　成功のポイント⑳

★これからの自分の夢に向かって、明るい未来ばかりでワクワクした日々。

★不安になるとセミナーや占いなどに行きたくなりますが、不安の要因を考え、よく吟味して行動する。

★参加するセミナーや講座は厳選し、集中して自分の実力にしていく。

②開業から3カ月間は「開業ご利益ハッピー期」

開業の日は人生最大の緊張の一日かと思います。ここから自分は自立してビジネスを始めるのです。中には、さらりと普通の一日のように過ぎる人もいるかもしれません。「自宅起業」なので、特に変化がないということもありえます。しかしこれは大きな一歩なのです。

開業から3カ月間はお祝いムードでハッピーな時期です。あなたの商品やサービスを購入するお客さんがたくさん来ることでしょう。新規開店のお店には、興味を持って訪れる方がいっぱいいます。忙しくて寝不足の日もあるかもしれませんが、この時期は今まで経験してこなかった新しいことが始まるので、どうか体力を調整してがんばってください。

初めてのことや意外なことなど、やってみないと分からないので、いい勉強になります。

ここで見てほしいのは、**「お試しの販売会」をしていたときに購入してくれた人や、開業までにSNSや広告宣伝をちゃんと発信していたなら、そこで記事を見た人が訪れてくれているかどうか**ということです。これから大切にしたいお客さんは、あなたが提供する商品を欲しいと思って来店するお客さんです。**あなたが発信した情報で、あなたの店に行ってみたいと思ってくれたお客さん**を、どうか大切にしてくださいね。

また、仲のよいお友達や親戚などが、最初のうちは多く訪れるかもしれません。**この、お付き合いで買ってくれるお友達や親戚もとてもありがたい存在**です。そこからの**口コミは大いに信頼される情報**だからです。

一度でもあなたのお店を訪れたことがあるお客さんは、2回目、3回目と来店する可能性が高くなります。ですので、「あなたの商品が欲しい」「あなたから買いたい」という理由で今後もよい関係が築けるように、**リピーターになるお客さんとのつながり**を大切にしてください。

怖がりさんの自宅起業　成功のポイント㉑

★開業から3カ月間はお祝いムード。
★お試しの販売会や、あなたが発信した情報を基に、あなたの店に訪れたお客さんを大切にする。
★リピーターになるお客さんとのつながりを大切にする。

③ 開業から3カ月～1年半は「商品力努力期」

あなたが興したお店や会社は、最初の3カ月間は開業のお祝いムードもあり、繁盛することでしょう。そこから先が本当の実力です。**開業から3カ月～1年半ぐらいの期間は、自分の〝イチオシ商品〟がお客さんの心に記憶されて、またお店に来店してもらうための努力をする時期**です。

お客さんは新しいものに興味を持ちます。開店したばかりのころに一回は試しに購入します。友達や親戚といった関係であればなおのこと、お付き合いで一度は買ってくれます。しかし、そこから先は、本当に好きか、嫌いか、もう一度買いたいか、買いたくないか？　そういう判断によって、今後あなたの店を訪れるかどうかという行動につながります。

一度買ってくれたお客さんが、2回、3回とリピートしてくれるようになるかならないかが、お店を継続して経営できるか否かにかかってきます。だから一事が万事、目の前のお客さんとの関係が、未来を創っていくのです。

大切な事は、**「あなたの商品をもう一度買いたい」**と思ってもらうことです。

起業したての事業主さんからは、「始まったばかりなのでこれから先のことは分からない」「一度試してもらわないと売れるかどうか分からない」という言葉が聞かれます。だから、起業する前に納得するまで「お試し販売会」を開催し、購入者からの感想を聞き、改善を繰り返すことが、開業後の自分の足元を固めて、大丈夫だという自信を築く基礎となってくるわけです。

もう一度買ってもらうための努力をしましょう。あなたの〝イチオシ商品〟が、お客さんの心に響いているかをよく観察してください。**お客さんが欲しい商品を提供してい**

るか。ＳＮＳの投稿や広告宣伝は継続的に発信しているか。ご来店の際に、お客さんとの会話ができているか。基本的な「商品力」「宣伝力」「人間力」を思い出して確認してください。

怖がりさんの自宅起業　成功のポイント㉒

★開業から3カ月〜1年半ぐらいの時期は、お客さんの心に記憶されて、また来店してもらうための努力をする時期。

★大切なのは、「あなたの商品をもう一度買いたい」と思ってもらうこと。

★お客さんが欲しい商品を提供しているか。ＳＮＳの投稿や広告宣伝は継続的に発信しているか。ご来店の際に、お客さんとの会話ができているか確認すること。

④ 起業から1年半～3年は「人間力成長期」

起業から1年半以上が過ぎてくると、あなたの商品を好きになってくれるファンが現れてきます。定期的に通ってくれるお客さんができて、自信もつき、脂がのっていちばん楽しい時期かもしれません。

何か新しいことをしたくなってきて、いろいろなアイデアも湧いてくるでしょう。**この時期はどんどん前向きに進んで、自分のお店を成長させましょう。**

私が起業して1年半を過ぎたころに、卸販売だけだった路線に、店舗販売とインターネット販売を加えました。この時期は、お客さんが定着し、月の売上げが安定的に読めるようになってきているかもしれません。主婦の自宅起業という枠で考えると、安定的な収入を得られることが理想的なのです。

家族がそばにいながらの「自宅起業」なので、進むスピードはその人それぞれでいいのです。しかし、一定数のお客さんや売上げが見込めるようになってくると、社会的にすでに認められた店舗になっています。ここで注意したいのは、**営業日をきちんと守り、開店時間を守り、安定した商品を提供して信頼を築いていくことです**。「自宅起業」だからと、わがままな運営ではせっかく安定してきたお店の信頼が崩れてしまいます。実は、慣れてきたころにお客さんをがっかりさせる失敗をすることは少なくないからです。例えば、ルーズさから開店時間を守れなかったり、不注意で商品を作り間違えたり、お届けの日にちや時間を守れなかったりといった内容です。私自身も、甘くなり小さなミスが出たときに、自分を律するように心掛けました。

小さな甘えが、**せっかくの信用を一瞬でなくすこと**になりかねません。特に食品営業の場合は食べ物なので、お客さんの健康にかかわる迷惑をかける恐れもあります。

２０２０年４月からは、「ＨＡＣＣＰ」といって、食品営業をする全店舗に、衛生管理の法的規定が施行されました。材料の管理、職場の衛生管理、従業員の健康管理を毎日記録して衛生管理の意識を高めます。

これとは別に、自分だけで運営している場合は、客観的に見守ってもらえる仕組みを用意することも方法の一つになるかもしれません。友人やお得意様に、商品の味やクオリティの感想をいただいたり、専門機関で商品の細菌検査をしてもらうことも必要です。自分が提供する商品やサービスを一度再確認することをお勧めします。

人から信頼してもらえるよう「人間力」を養う努力をしましょう。

商品の質や店の運営が確認できたら、そこまでがんばってきた位置をキープするためにも、自分自身の心の厚みを大きくする学びも必要です。**本をたくさん読んだり、尊敬する人に会いに行ったりして、人間性を豊かにしましょう。**例えば、世界の有名な経営者の経営哲学を学んだり、ビジネスで成功している先輩起業家の本を読むことも参考になります。

そのほか、心が豊かになる物語や小説に出合うこともいいかもしれませんね。それはお客さんとの会話の話題づくりにも役立ちます。私は、別の業種ではありますが、年齢の近い女性起業家の仲間との交流がとても刺激になって、自分をブラッシュアップさせてくれます。皆さんとても努力家で、美しいです。また、心のリラックスのために、木々の下をウォーキングすることはとても気分転換になっています。あなたの人間性が大きくなると、それだけあなたの店が大きくなる可能性が出てきます。**事業主の心根でお店は成長していく**のです。

怖がりさんの自宅起業　成功のポイント㉓

★開業から1年半〜3年の時期は、どんどん前向きに進んで、自分のお店を成長させよう。

★注意したいのは、営業日をきちんと守り、開店時間を守り、安定した商品を提供して信頼を築いていくこと。

★本をたくさん読んだり、尊敬する人に会いに行ったり、人間性を豊かにする。

⑤ 起業3年〜5年は「頭脳力情熱期」

起業後3年も経つとあなたは立派な社長です。まずはここまで続けて来たあなたの努力とパワーに心からの敬意を表します。何をするにも、**ゼロからイチを興すことが大変なことなのです。**本当にがんばってきましたね。

3年目以降に必要になってくるのは、〝頭脳プレー〟です。どの商品をどのような広告宣伝で、どのくらいの数を販売して利益を出すか。そういう予算立てと行動を計算したうえで進めていけるようになりましょう。あなたの店は小さな「自宅起業」かもしれません。でも、ある程度の売上げを上げて、収支が分かってきたら、これからは自分の采配で能動的に動くことが大切です。それが「経営」です。

それは小さな行動からでいいのです。広告宣伝をどこの媒体に打って、どのくらいのリターンが見込めるか。それを前もって予測して行動してみるのです。それは、**あなたがあなたの店に対する「情熱」があるかどうかとも関係してきます。**あなたが3年前に始めた「自宅起業」は、継続して成長しました。この先、もっと成長させるべきか、経営の規模をどうするか……。そんな悩みが頭をよぎるころかもしれません。起業したてのころのような、新鮮味が薄れているかもしれませんし、維持していくことに疲れが出ているかもしれません。いろいろな思いが交錯する中、「自宅起業」とはいえ、**家族のことや、自分の自営業の未来を見据えて、経営者は大きな視点で責任を持って判断しなければいけない**からです。

経営を維持してゆくには、情熱が必要です。だから好きなことで起業したほうがいいのです。**この時期が踏ん張りどころで、ここでもう一度情熱を思い出して、この上り坂を登ってみてください。その先にはきっと新しいステージが待っています。**これまでのせっかくの努力を未来につなげていきましょう。

怖がりさんの自宅起業　成功のポイント㉔

★開業から3年目以降に必要になってくるのは〝頭脳プレー〟です。予算立てと行動を計算したうえで、進めていけるようにしよう。

★当初の情熱を思い出して、この上り坂を登ってみてください。そこにはきっと新しいステージが待っています。

⑥ 起業5〜10年は「忍耐力行動期」

すごいです！ 自営業が5年以上続くとはすばらしい！ 山あり谷ありの中、しなやかに経営してきたあなたの柔軟な態度と、実直な日々の積み重ねが、この結果を招いていると思います。

これから先も自営業を継続させてゆくには、やはり**「大切な3つのこと」**の基本**「商品力」「宣伝力」「人間力」を大切にすること**です。そのうえで、時代に合わせた行動と、あなたの目標やなりたい姿にどう合わせてゆくかを調整していきます。リピーターのお客さんはある程度あなたの商品に慣れてきていますので、その**大切なお客さんが離れていかないように、新しい商品やアイデアを出し続けていきます。**アイデアが浮かんだら試すという行動を繰り返していきましょう。

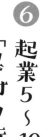

新しい試みや、方向性が合う仲間とのコラボレーションなど、売上げや実績に合わせた成長は、どんどん進めていいいと思います。ただし、**自分の実力をきちんと把握した上で、無理な投資や許容範囲を超える仕事量を抱えてしまうことがないよう、注意が必要です。**ここで思い出してほしいのは、自分は何が大切で仕事を始めたかということ。あのころの夢は叶いましたか？　自分がなりたかった経営者になっていますか？　怖がりな性格を発揮して、これまでの結果を分析しておきましょう。ここでもう一度足りない所は補強し、不安な部分はよく調べて、安心に変えてから次のステージに臨んでくださいね。

長く続けていれば、変化を求めたくなります。規模を広げてゆくには仲間が必要です。**自分がこれまでやってきた仕事を他者に任せるには、さらなる責任や忍耐が伴います。**これは経営者にとって、次のステージに向かう挑戦です。新しい目標ができたら、自分のハートによく落とし込んでから進めてください。

年月が経てば子ども達も成長し、親の介護など生活の形も変化していると思います。

ここまで来れば、目標や方向性の変更は状況に合わせて行いましょう。立派になったあなたが、これからさらに社会にどう貢献していくか、足をしっかり地につけて行動しましょう。

怖がりさんの自宅起業　成功のポイント㉕

- ★開業から5年目以降に必要になってくるのは、基本の再確認。「商品力」「宣伝力」「人間力」。
- ★大切なお客さんが離れていかないように、新しい商品やアイデアを出し続ける。
- ★無理な投資や許容範囲を超える仕事量を抱えてしまうことがないよう、注意が必要。
- ★規模を広げるには仲間が必要。人に仕事を任せるにはさらなる責任と忍耐が伴う。

7 10年目以降は「商品力」「宣伝力」「人間力」の組み合わせで乗り切ろう！

10年以上自営業を維持していられるというあなたは、希少な逸材です！　おめでとうございます！

これからは**あなたの実力で自由に経営を続けてください。**

ここまでは、私自身がたどってきた、10年間の時系列的な経営時のマインドを基に執筆してきましたが、進むスピードは個人によって自由に進めてよいのです。ものすごく早く結果を出して、大きなビジネスに成長させてもいいし、ゆっくりでもいいのです。**自分の養ってきた商売の勘とスピードであなたの経営を続けていい。**本章で設定した「〇年」という部分はご自身で変更してください。

「自宅起業」のイメージでは、ビジネスが軌道に乗っていることや、お店を持って店主になることが夢の実現と思われがちですが、外側からの見た目だけでは本当の成功とはいえません。**お客さんと家族と自分、皆の心が幸せになっていることが大切なのです！誰かが我慢をしていてはいけない。**

もちろん、経営は簡単にできるものではありません。何かの記事で「自営業は下りエスカレーターで上に向かって歩いているようなものだ」という一文を読んだことがあります。下りエスカレーターを上向きに歩き続け、エスカレーターが下がるスピードと同じ速度で足を動かしていては、その位置から上には行けません。上に昇りたければエスカレーターが下がるスピード以上にがんばって足を動かし続けなければ昇れない。もし足を止めてしまえば瞬く間に下がってしまいます。私も含め、**自営業者は常に足を動かし続けています。**これは事業主の責任ともいうべき行動なのです。

あなたが始めた「自宅起業」で幸せになっている人がたくさんいます。壁にぶつかったら、これまで乗り越えてきた自分の足跡を思い出してください。「商品力」「宣伝力」「人間力」を見直してみましょう。きっとまた乗り越えられます。これからも、あなたはもっと幸せな人をたくさん作っていける人なのです。

怖がりさんの自宅起業　成功のポイント㉖

★開業から10年目以降は、あなたの実力で自由に経営を続けてください。
★自分のスピードで幸せな経営を続けていい。「〇年」という部分はご自身で変更してください。
★お客さんと家族と自分、皆の心が幸せになっていることが大切！
★自営業者は常に足を動かし続けています。

第6章

自宅起業に必要なお金のこと

1 始めるときの創業資金

自営業を始めるときは、材料や道具、設備をそろえるために、いくらかの創業資金があらかじめ必要です。特にお菓子屋さんや雑貨店などは、最初にそろえるものがいろいろあります。占いやカウンセリングのような、ご相談を中心とした仕事であっても、仕事として看板をかかげる以上、必需品となるパソコンやインターネットを利用するために、ある程度の資金は用意しなければなりません。ビジネスとして起業する以前に、技術を習得するための授業料や、立ち上げるための勉強代や費用なども、実際にはすでに支払っていることにはなります。

「自宅起業」をお勧めしているので、最初から「店舗を持つ」「事務所を持つ」というような投資は必要ないとお伝えしていました。自宅なので、自分が始めたい仕事の種類によって創業資金には幅がありますが、投資金額をできるだけ抑えて、自分と家族の暮らしが無理のない範囲で始めることが、利益を出す経営となっていきます。そして、本当にその仕事でお客さんが増え、仕事が回り出してから、次のステップを考えても遅くないのです。

まずは、バザーやイベント、動画配信などで自分の商品を販売し、小さな行動で試してみましょう。そのときに必要な資金は、材料代や出店料などで、驚くような金額ではないと思います。小さな出店機会を何度か経験して、自分の仕事への情熱を確認してみましょう。

よく、「お金がないんですが、自分もいつかお店を持ってみたいんです！」という女性に相談されることがあります。「お店を持てば、お客さんが来てくれるので、お店があるから商売になる」と思われてしまいますが、**お店を持っても収入に結びつくとは限りません。なけなしの資金を使ってやっとお店を作ったとしても、商売はそこからがスタートです。お店を作ることがゴールではありません。**

お店を作る資金は、とても大きなものです。しかし、投資した金額を回収するためには、時間と労力がかかります。たくさんの手段を講じて、仕事というものが出来上がっていきます。最初は、夢を描くことがどんな起業でもスタートになります。誰にでも同じ条件で可能性はあるので、はじめの一歩をどう踏み出すかが重要になってくるのです。

① **自分でお金を用意する**

創業資金は、自分で貯金するか、自分の手持ち資金のうちで、自由に使える範囲で始めることをお勧めします。自分のお金は大切に使うし、その金額まで貯めてきた時間や苦労の実感があるからです。自営業を始める場合は、身の丈に合った始まり方をすることが重要で、その分の貯えを計画的に進めておくことが、その後の運営にも影響してくるのです。

② **身内や知り合いから資金援助を受ける**

身内や知り合いから資金援助を受ける場合は、ありがたく使わせてもらってもいいと思います。しかし、自分で捻出する資金より、もっと責任と重みを感じるように心掛けてください。困難に直面したときに、身内からの資金だから大切だと思って踏みとどまるか、逆に諦めてしまうのか、両方が予想されます。返済が必要な資金なのか、返さなくていい資金なのかも、資金を受ける段階できちんと取り決めをしておくことが大切です。周りの人を巻き込んで起業する場合は、常に感謝の気持ちを忘れず、スタートの時点でよく話し合っておく必要があると思います。

③融資を受ける

「創業資金を銀行から融資してもらえるのか？」といえば、その業種で実績のない女性が銀行から融資をしてもらうことは難しいです。口座にそれなりの貯金があるか、財産を担保にするなど、あなたにお金を融資して、回収できる見込みがあるかという点が判断基準になるからです。ゼロからの起業では、実績や売上げの保証がないので、可能性は低いかもしれませんが、実際には銀行ごとの基準があるので、取引先の銀行と相談してみてください。

もし融資が必要な場合は、国の金融機関が創業支援として広く相談を受け付けています。「日本政策金融公庫」がその機関です。「事業計画書」というものを起業希望者が記入して提出します。面談や審査を経て、あなたの信用度を見た上で、可能な融資額が決まります。**融資を受けたいと思ったら、最初に「日本政策金融公庫」に相談するとよい**

かもしれません。

融資を受けると、返済が始まります。決められた期日にきちんと返済していくことが、あなたの信用になるので重要です。返済が滞ると、融資先や信用調査機関などの評価が悪くなります。この評価はずっと残るため、将来的によくない影響を及ぼすので注意が必要です。私は、女性の起業では、最初は自分の資金で始めるほうがいいと思っています。女の人は心が平安でこそ、愛や優しさを与えることができる性質があります。融資という重荷を背負って、商品やサービスを提供する日常業務をこなすには、よほどの覚悟が必要です。返済のプレッシャーは、精神に大きく作用します。このプレッシャーが背中を押すやる気につながる場合もありますが、始めるときは、その商売がこれから先どのように展開するかが分からないので、よく考えたほうがいいと思います。

④クラウドファンディングで資金を募る

最近の資金調達のかたちの一つに、「クラウドファンディング」があります。志やビジョンをインターネット上で公表して、その内容に共感した一般の人に、少額の投資をしてもらって目標額を調達するシステムです。経営者の夢を出資者と共有して、皆でその夢を叶える仕組みです。現代の若い人がSNSでつながっている心理が、このクラウドファンディングを成立させているのかもしれません。例えば、同じ趣味のコミュニティーや、お店のファン、主催者のファンが、そのプロジェクトに夢を託して、一緒に夢を叶えるというスタイルです。リターンとして、出来上がったプロジェクトに参加する権利を得られたり、もらってうれしいギフトが用意されています。一部の資本家が成功するのではなく、自分ができる範囲で出資した金額で、好きな分野の、興味のある経験ができる参加型の投資は、これからも増えてゆくでしょう。投資家がワクワクするような企画を持っている人には、有効な資金調達法です。

自営業のお金の動きとしては、売上げを上げて、仕入れた材料や経費の支払いをして、残ったものが利益となります。しかし**利益が全部あなたの自由に使えるお金かというと、そうではなくて、あとから税金の支払いや年金、健康保険の支払いがやってきます。融資を受けている場合、この利益から返済します。**全体を見渡して、お金の出入りを把握できるようになるには、ある程度時間はかかりますが、自営業には、このようなお金の流れがあることを覚えておいてください。

怖がりさんの自宅起業　成功のポイント㉗

★最初の創業資金は、自分が貯金して、自由に使える範囲で始める。

★身内や知り合いから資金援助を受ける場合、金額の重みや責任の重みの負担を、自分が背負えるかをよく考える。

★お金を借りる場合、経験のない主婦起業は銀行から融資をしてもらうことは難しい。

★融資を受けると、返済が必ずあるので、返済日にきちんと返済することが、信用になる。

★「クラウドファンディング」は、志やビジョンを伝えて、その内容に共感した一般の人に、少額の投資をしてもらって目標額を調達するシステム。投資家がワクワクするような、企画を作ること。

★利益はあなたの自由には使えない。あとでまとめて、税金の支払いや年金、健康保険の支払い、融資の返済があることを覚えておく。

②経理事務はどうやるの？

商売をする上で、収入や支出の記録を付けて、それらを基に一年に一度行う「確定申告」は「納税の義務」として国民が報告するものです。起業初心者にとっては、どのように事務仕事を進めたらよいか、分からないことかもしれませんので、簡単に説明したいと思います。

①現金出納帳をつける

「現金出納帳《すいとうちょう》」とは、現金が出たり入ったりする記録を付ける帳簿です。最初、いくらの額をその店の開始金額にするかを決めて、そこに入金された分と、支払った分を記入していきます。その日の現金残高が分かる帳簿です。

今は、ソフトウエアやアプリを入手してパソコンで金額などを入力することで、簡単にできてしまいます。もちろん紙の帳簿に、手で書いて記録しておくこともできます。数が少ないうちはそれで間に合ってしまいますが、売上げが上がってくると、自動で計算してくれるソフトウエアやアプリは、計算間違いなどがなくて便利です。

収入として「売上げ」があります。支出として材料代や宅配便代などの「仕入」や「経費」があります。「科目」といって、材料代は「仕入」、宅配便代は「荷造運賃《にづくりうんちん》」、電話代は「通信費」など、決まった科目があります。**科目ごとに記録していき、「確定申告」の際に一年間の合計を算出して「所得税決算書」が集計できます。**

現金出納帳は、本来は毎日記録することがよいのかもしれませんが、週に一度とか、10日に一度など、負担にならない範囲で帳簿を付けていくことで、収入の推移も把握でき、支出の目安も分かってきます。**店舗のお金の動きを追うことは、収入が足りないときの対策を考えられるし、支出の無駄を把握し、節約に役立てることもできるので、経営にはとても重要です。**

②確定申告書を作成する

一年に一度、収支を集計して、税務署に提出する書類を「確定申告書」といいます。毎年2月中旬から3月中旬までの期間に提出します。個人事業主の場合をお伝えしますと、「所得税決算書」と「確定申告書」を作成して提出します。金額によって、所得税や消費税の額が算出されますので、その税金を期限までに支払います。

また、「預金出納帳《よきんすいとうちょう》」といって、銀行預金の収支をまとめておく帳簿があります。銀行預金の推移が分かります。

このほかに、掛け売りで、商品は先に渡していて、入金は後になることを記録しておく「売掛帳《うりかけちょう》」と、仕入れなどで、先に材料を仕入れて、支払いは後にすることを記録しておく「買掛帳《かいかけちょう》」があります。ご自身の仕事で発生する収入や支出の記録として、「確定申告」の作成や税金の支払い時に必須の帳簿となります。

私はOLをしていた20代のころ、近所で開かれた市民講座で「簿記3級」を受講し、そこで資格を取得しました。自営業を始めたときは、経理の基本を知っていたので、経理事務で大きな苦労をすることはありませんでした。これまで自分で「確定申告書」を作ることができたのは、たまたま参加した講座が巡り巡って今になって役に立ったということです。「経験には無駄なことはないんだな」と、改めて感じたものでした。

記帳方法や、確定申告書の書き方が分からないときは、地域の税務署や商工会議所に相談すれば、やさしく指導してくれます。最初は慣れないため、専門的な用語や、計算の仕方が分からないのは当然です。何年か経験するうちに、できるようになっていきます。ソフトウエアやアプリでの入力方法についても、開発している会社によって入力の仕方が異なるので、分からないことは何度でも聞いて、疑問をなくしていったほうがいいと思います。

経理事務については、専門家である税理士さんや会計士さんがおりますので、そういう方にお任せする方法もあります。依頼するには費用を支払うことになりますが、できないことに時間を使うより、自分は本業に専念して、事務仕事はお任せすることもいいと思います。

怖がりさんの自宅起業　成功のポイント㉘

★「現金出納帳」とは、現金が出たり入ったりする記録を付ける帳簿のこと。
★店舗のお金の動きを追うことは、収入が足りないときの対策を考えられ、支出の無駄を把握し、節約に役立てることもできる。
★一年に一度、収支を集計して、税務署に提出する書類を「確定申告書」という。
★記帳方法や、確定申告書の書き方が分からないときは、地域の税務署や商工会議所で、やさしく指導してくれる。
★できないことに時間を使うより、自分は本業に専念して、事務仕事は専門家にお任せすることも一つの方法。

③ 自宅起業の資金繰り

自営業の運営資金は、開業のときにいくらかの手持ち金を用意して、そこから始まります。売上げが入金されてくると、今度はその収入から支払いをします。材料を買ったり、パソコンやボールペンなどの業務に必要なものの費用も、給料や生活費もその中から捻出します。そうやってお金を回していくことが、経営の基本です。

収入の中から仕入れや経費の支払いを済ませて、残ったものが「利益」となります。利益が多いのに越したことはありませんが、利益が少ないと、次の仕入れに回す資金が少ないので、その他の支払いにも影響します。せっかく働いていても、事業主である自分の給料も捻出できないというようなことがないように、売上げを伸ばす努力や、きちんと利益が取れるように商品単価を設定することが大事です。

事業が滞りなく運営されるように、資金をうまく回すことを「資金繰り」といいます。
その仕事が運営されるために、常にいくらかの手元資金が必要となりますが、自営業は、その手元資金が流動的で、多いときと少ないときがあり、プールすることがなかなか難しかったりします。これが、自営業の難しさなのですが、そこで銀行などから「融資」を受けようかと悩むことがあります。ここには、二つの目的の違いがあります。

一つは、売上げがちゃんと得られ、支払いも滞りなく支払えて、さらに業務を拡張するために、いくらかの資金を補充することで、ビジネスが大きくなるというときの「融資」。

もう一つは、支払いができなくて、銀行からの融資を受けて支払いをしたい、というようなときの「融資」です。

女性の自宅起業では、できるだけ融資を受けないで、自分が責任を負える範囲で事業を回すことをお勧めします。しかし、ビジネスの進み方の一つとして、**事業拡張のための資金繰りであれば、すでに売上げを伸ばす方法を知っているので、事業を広げてゆく**

ための「融資」を進めてもよいかなと思います。未来へのポジティブな選択だからです。

また、支払いができなくて、「融資」を希望するには、これから先に売上げを上げられる見込みがある場合や、こうすれば売上げが伸びるという方法を知っていない限り、**返済の目途が立たない「融資」は、受けないほうがいいと思います。**この場合は、売上げを上げる方法をぜひとも開発するか、ヒット商品を生み出して、自分の力で売上げを伸ばして、業務が遂行できる状態にもっていく努力をすることをお勧めします。

「お金」のことで悩むときは、家族の顔を眺めながら、この仕事と家族のバランスをどのように取っていくか、立ち止まって考えてみてください。主婦の自宅起業は、家族の笑顔なしには続けられません。仕事なのでお金のことは大切です。その中で、ビジネスのチャンスは、事業主のあなたでなければ判断がつけられないことです。はじめに考えた、自分はどのような未来に行きたいのか、それを「決断」する分岐点です。舵を握っている自分が、どこまで責任を背負い、どこまで行動できるかをゆっくり判断してください。

事業主は、小さいことから大きいことまで、常に「決断」を下す立場にあります。その決断には必ず「責任」がセットになっています。「どの種類の小麦粉にするか」、「どのメーカーのジャムを仕入れるか」「いつ販売会に参加するか」「誰をアルバイトに採用するか」など、その一つひとつの「決断」が事業をかたち作っていきます。お金がからむ「決断」に関しては、さらに慎重に考えて冷静に決めましょう。

怖がりさんの自宅起業　成功のポイント㉙

★事業が滞りなく運営されるように資金を回すことを「資金繰り」という。
★事業拡張のための資金繰りであれば、すでに売上げを上げる方法を知っているので、「融資」を受けて事業を広げてもよい。
★支払いができなくて融資を希望するには、その後の売上げを上げられる見込みがある場合や、こうすれば売上げが上がるという方法がない限り、返済の目途が立たない融資は、受けないほうがよい。
★融資で支払いをせず、売上げを上げる方法を開発するか、ヒット商品を生み出して、自分の力で売上げを伸ばすこと。
★「お金」のことで悩むときは、家族の顔を眺めながら、この仕事と家族のバランスをどのように取っていくか、止まって考えよう。
★事業主は、小さいことから大きいことまで、常に「決断」を下す立場にある。その決断には必ず「責任」がセットになっている。

第7章

怖がり経営者の心配事……

「売れないときはどうしよう!」対策

❶ 商品を必要な人に届ける方法

「自宅起業」は、自宅を起点として自分の商品をお客さんに販売し、売上げを伸ばしていくわけですが、**この小さな自営業も大企業も、売り方としてはおおむね同じ流れになります。**私は主婦からお菓子を販売する仕事に就いたので、最初はぜんぜん分からず、何をどのようにすれば売れるのか、勉強しながら手探りで進んできました。

難しい言葉を使わずに、簡単にその流れをお伝えしたいと思います。

この、「商品を必要な人に届ける方法」を一般的に**「マーケティング」**と呼んでいます。グーグルで検索すれば専門用語や方法論が出てきたりして、立派な先生が教えてくれますが、簡単に言うと**「どうやってお客さんを自分の商品の前に来てもらうか」**ということです。

「自宅起業」では自宅が職場なので、多くは繁華街や駅前での営業ではなく、住宅地や立地が悪い場所での商売になりますよね。では、どうやってあなたの商品をお客さんが買ってくれるようになるのでしょうか？　まずは自宅から外の世界に出てゆくことが、「自宅起業」の最初のステップとなります。32ページの「コバンザメ作戦」でもお伝えしたように、**自分の家ではない場所での販売やイベントの販売会などにできるだけたくさん出店して、お店の名前とあなたの商品をまず知ってもらいます。**自ら行動して外で知名度を上げていくこと……、それが最初のマーケティングになります。

それから、**インターネット上での発信を続け、自分の地域で有利な媒体、例えばタウン誌や折り込みチラシなどで広告宣伝をします。**あなたの商品に興味のある人が、あなたを忘れないように常に記事を配信して、思い出してもらうという行動です。**人は、「買いたくない」のではなくて、「忘れてしまっている」ので、思い出してもらうためにこちらから発信をします。**

現代は、車の移動や、電車、バスであっても、住所を検索すれば自分の居るところから目的地までの行き方が簡単に分かります。興味を持ってもらう機会をあなたから発信して、お客さんが**「あの店へ行きたい」と気付かせる行動が「自宅起業」のマーケティングです。**

左記は、私がスコーンドルフィンでやっている方法です。例に倣ってあなたの場合の方法を一緒に考えてみましょう。

以下の内容を考えて、行動に移してください。

①どんな人に商品を売りたいかを具体的に考える
②その人たちにどのようにアプローチするか、方法を考える
③一度来店したら再来店してもらう方法を考える
④お得意様になってもらう方法を考える

内容	例	あなたの方法
①どんな人に商品を売りたいか？	花子さん40歳女性／既婚／旦那さん42歳／15歳の女の子／13歳の男の子／週3回パートタイム／料理好き／ナチュラルな服装が好き／インスタで好きなお菓子や子育ての情報を見る／旦那さんの平均的お給料	
②アプローチ方法（1回目の来店）	1　試食販売会を開催 2　地域のタウン誌に広告 3　インスタにお菓子の写真アップ 4　フェイスブック広告 5　ブログやフェイスブックの投稿 6　40歳の女性が好むスコーンを販売する	
③再来店の方法（2回目の来店）	1　スタンプカード 2　手作りチラシをレジ袋に入れる 3　連絡先を伺う 4　ダイレクトメール、メルマガ発行	
④お得意様になる方法（3回以上の来店）	1　スタンプカード 2　手作りチラシをレジ袋に入れる 3　連絡先を伺う 4　ダイレクトメール、メルマガ発行	

怖がりさんの自宅起業　成功のポイント㉚

★マーケティングとは、「どうやってお客さんを自分の商品の前に来てもらうか」ということ。

★自分の家ではない場所での販売やイベントの販売会などに出店して、お店の名前とあなたの商品をまず知ってもらう。

★インターネット上での発信を続け、自分の地域で効果のある媒体で広告宣伝をする。

★人は、「買いたくない」のではなくて、「忘れてしまっている」ので、思い出してもらうためにこちらから発信する。

② 商品をより素敵に見せる方法

丹精込めた商品ができていても、それをお客さんに買ってもらうためには、買いたいと思ってもらえる商品になるように商品に魅力を持たせなければなりません。**より魅力的な商品に見せる方法を「ブランディング」といいます。**

シャネルやルイ・ヴィトンと聞けば、もうその瞬間にどんな商品でどんな店か想像ができますよね。「高級品」「高い」「憧れ」「デザインがいい」「きれい」などです。そのように**「聞いたときのイメージ」「見た目の印象」が湧く**ように、飾りつけをしましょう。

まず、**「聞いたときのイメージ」**は、あなたの店や商品のことを言葉で耳にした際に湧き上がるように作り上げていきます。例えばお菓子だったら、どんな種類のお菓子で、どんな味の特徴があるのか、どんなことを大事に作っているのか、どんな材料を使用しているのか、作っている人はどんな人なのか、どんな場所で営業しているのか、そういった内容をふまえて、お客さんにどうアピールするのかを考えます。

次に、**「見た目の印象」**です。あなたの商材をイメージして、自分の商品をどのように見せたいかを考えます。例えばお菓子でしたら、ロゴマーク、イメージカラー、包装のデザイン、商品の色や形のデザインなどをまとめ上げて、「店の個性」や「お客さんに持ってもらいたい印象」どおりに作り上げていきます。それを店のカラーとして、装飾やチラシなどの広告宣伝に使っていくのです。

怖がりさんの自宅起業　成功のポイント㉛

★買いたいと思ってもらえる商品になるように、より魅力的な商品に見せる方法を「ブランディング」という。
★「見た目の印象」「聞いたときのイメージ」が湧くように、飾りつけをする。

③ 商品が欲しくなるような文章を書く方法

ＳＮＳやブログで、日々記事を書いて投稿することが「広告宣伝」になると、これまでお伝えしてきました。その記事を書くにあたり、**お客さんの心に響いて、お店に行きたいと思ってもらえる文章力が必要**です。この文章の書き方のことを**「ライティング」**といいます。

例えば、お菓子を食べたいと思ってもらうために、「美味しい」「買ってください」などという言葉は基本的に使わないようにしましょう。**この商品を食べたときにどんな気持ちになるのか、この商品を食べることによってどんな良いことが起きるのか、**「ご利益」「恩恵」「幸せ感」「満足感」が得られる様子を表現します。

この、商品を買ってその後どのような良い結果が生まれるか、ということを「**ベネフィット**」といいます。日々のインターネット投稿や、店内に貼りだす「POP（ポップ・商品案内）」でも、ただ単に**商品説明や成分を書きつらねるだけでは、お客さんの心は動きません。**「ベネフィット」を書くことで、「そういう『恩恵』があるなら試しみよう」と思わせる表現が大切です。

「商売は相手の問題や不便なことを解決して、対価をいただくこと」です。まず先に、「このような困りごとはありませんか？」と、予測できる相手の問題や不便なことを投げかけます。お客さんが、「そうそう！　私の解決したい問題はこれなのよ！」と、聞きたい気持ちになります。そしてその後に、**「これを使うことによって、このように問題が解決し、このように良いことが起きて、周りからもこのように評価されます」**というかたちで、お客さんにとっての**〝幸せの導線〟**を伝えることができると、あなたの商品を買いたい気持ちになっていきます。

〈文章例〉

パサパサして口の中の水分を持っていかれるようなスコーンばかりを食べてはいませんか？　スコーンドルフィンは、これまでの常識をくつがえすスコーンを作り出しました。３度のイギリス修業を経て、小麦粉とミルクの配合を研究。彼女は可愛いティーカップとお茶の時間が大好き。スコーンにクリームとジャムを添えて、大好きなカップに盛り付けましょう。笑顔が弾むおしゃべりと、心からのリラックスをお届けします！「しっとりサクサク、にっこりしあわせ」なスコーンは明日の元気も運んでくれます！

また、**すでに利用してくれた「お客様の声」を伝えるのもとても効果があります**。経験した人の生の声は信頼性があるからです。このような文章表現は、投稿の数をこなすごとにじょうずになっていきますので、常に意識して書いてみてくださいね。

怖がりさんの自宅起業　成功のポイント㉜

★お客さんの心に響いて、お店に行きたいと思ってもらえる文章力が必要。この文章力のことを「ライティング」という。

★「これを使うことによって、このように問題が解決されて、このように良いことが起き、周りからもこのように評価されます」というベネフィットを伝える。

★すでに利用してくれた「お客様の声」を伝えるのも、とても効果がある。

④ 商品をまた買いたいと思ってもらう「商品力」と「人間力」の大切さ

前述した**「マーケティング」「ブランディング」「ライティング」は、大きな意味で言えば、商品を販売するための「宣伝力」**です。この実務的なやり方や方法は、順番に進めて、何度も繰り返すことで身に付いてきます。ハウツー本はたくさん出版されているので、それらを読むことにより自分でさらに学べます。またはインターネットを検索すれば情報を得ることができる便利な時代です。しかしこれらはめんどうな作業ですし、すぐには結果が出ません。**女性にとっては根気が必要な仕事の一つかもしれませんが、一歩ずつ進めて行けば、結果はついてきますのでがんばりましょう。**

「大切な三つのこと」のほかの二つ、「商品力」と「人間力」ですが、これはもともと生まれたときから備わっている性格や資質が大きく関わってくる事柄です。

「商品力」はあなたの商品の根幹となるものなので、それを作り出した**あなた自身のパーソナリティそのものの具現物**です。例えば、文字を書けばその人の性格が表れていますし、洋服を選ぶときも、その人らしい色やデザインを選びますよね。同じようにあなたの「商品やサービス」は、あなたの分身そのものです。もっとよく見れば、「商品」の中に、これまで培ってきたあなた自身の歴史を垣間見ることさえできます。

そして「人間力」も同じ。あなたが店主となってあなたの商品を販売するとき、建物のたたずまいから店の雰囲気、お客さんとの接し方や言葉まで、あなたが醸し出すすべてから人柄が出ます。新型コロナウイルスで外出が制限され、行きたい時に行きたいところへ出かけることが困難になりました。ウインドウショッピングをしながら衝動買いするという機会が、今後減っていくかもしれません。人は、必要なものや欲しいものを吟味して買いますが、今後はお客さんが、「どこで買うか。誰から買うか」が重要になってきます。

お客さんに選ばれるためには、「あの商品をまた買いたい」「もう一度あの店に行きたい」「あの店主に会いたい」と思ってもらえるように、あなたの心を磨き続けることです。それには、**少しでも人の役に立つこと。視野を広く持って知恵を身に付けること。善きものに感動できる感性を磨くこと。**それが「人間力」をふくらませます。そんなあなたがいつも前向きでいれば、ポジティブなあなたに会いに、お客さんが集まってくるのです。

怖がりさんの自宅起業　成功のポイント㉝

★「マーケティング」「ブランディング」「ライティング」は、商品を販売するための「宣伝力」。女性には根気が必要な仕事の一つなのでがんばること。

★「商品力」はあなたの商品の根幹となるもので、それを作り出したあなた自身のパーソナリティそのものの具現物。

★「人間力」は、建物のたたずまいから店の雰囲気、お客さんとの接し方や言葉まで、あなたが醸し出すすべてから人柄が出る。

★少しでも人の役に立つこと。視野を広く持って知恵を身に付けること。善きものに感動できる感性を磨くこと。それが「人間力」をふくらませる。

第8章

「怖がり経営者」が怖がる言葉対策

怖がりな心と向き合いながら、自分の夢や希望を行動で現実化しようとしているあなたは、もう今では勇気のある経営者に成長していることでしょう。前向きに行動する姿の裏側では、「大丈夫かな?」「心配だな」「間違っていないかな?」と葛藤する心があることを、私は痛いほど分かっています。

ここでは、行動を起こして自分の夢に向かって輝きだしたあなたに対して、周囲から聞こえてくる言葉について記してみます。**時代は進んでいますが、女性であるがゆえに言われてしまっていること**もあるのです。こういう小さな言葉ほど、自分の胸に深く突き刺さるものはありません。以下は、過去に私が経験して、グサリと痛い思いをした言葉です。もしかすると、あなたには必要がないかもしれません。ただ、前もって知っていれば、心の動揺を防ぐ防波堤になるかもしれないのでお話しします。

①「あなたが心配だから言ってるのよ！」

一緒に暮らしてきた家族や、仲良く遊ぶ友人は本当に心配で声をかけてくれます。「失敗するのではないか」という不安のほかに、それ以外の感情も伴っています。それはあなたがこれまでとは違った生き方を見つけて、一緒にいた位置から一人離れて遠くへ行ってしまうのではないかという寂しさから発せられる言葉です。また、この言葉の裏側には、その人にはできない行動を、あなたが行動して実現させようとしている姿に対する嫉妬心から発せられる場合もあります。

いずれにしても、**あなたは「ブレない心」で黙って受け止めてください。**近くにいる人から言われる言葉ほど、強く心に響いてしまいます。人に何かを言われてやめたくなるのなら、早いうちにやめたほうがいいかもしれません。現実の商売は山あり谷ありです。言ってくれた人には「ありがとう」と感謝の気持ちを述べて、本心から「自宅起業」を決めたのであれば、「この道がどのような結果を生むか分からないけれど、自分の目指す方向に進んで後悔なく生きたい」という意思を伝えることです。あなたの生き生きとした姿を見せることで、きっと分かってくれます。

②「結局お金がほしいのね」

この言葉については、三つの意味があります。

一つ目は、自営業は細かい作業が多く、特に始めたばかりのころは、自由な時間を取ることができません。友達との交流も疎遠になることがあるでしょう。すると、なかなか時間が取れないことを「お金を稼ぐのに忙しい」という表現で言われたりします。

二つ目は、商売なので原価に利益をのせて販売をします。事業主はその利益の中から、仕入れや経費を支払い、生活費を捻出します。しかし商売を知らない人は、「たくさん上乗せして、いっぱい儲けている」と、簡単に口にします。

三つ目は、あえて不満を言いたい人です。商売は自分で値段を自由に付けることができます。長い時間をかけ、体を使い、学び、お金もかけて出来上がった商品の価値が、値段になって表れます。その価値を理解できない人は、あなたの協力者ではありません。

いずれにしても、**あまり深く考えずに、軽い気持ちで口にしているのです。目くじらを立てずに聞き流す平常心**を養いましょう。

③「女のくせに」

昭和、平成、令和と時代は流れて、男女平等の意識は世間的に一般化し、もうすでに「女のくせに」という言葉を使う人は少なくなっていると思います。しかし中にはまだ、個人レベルで男女の位置を同じように認めていない人もいます。女性であっても、「専業主婦」「良妻賢母」という姿を理想とし、社会的に女性が活躍する姿に対して反発を感じる人もいます。その場合、どうしても口をついて出てきてしまう言葉です。

自分と未来は変えられます。他人と過去は変えられません。さらには、「人の口に戸は立てられない」ので、**自分が未来になりたい姿を目指して、明るく進むこと**にしましょう。一度身に付いた習慣はそう簡単に変えられないので、他人からの言葉に引っ張られないように、気持ちを強く持ちましょう。

4 「私は子どもが大切だから、仕事はしないわ」

子どもがいて仕事を持つ人と、子どもがいて仕事をしない人では、そもそも価値観が違います。あなたが家族を犠牲にして仕事をしているということでは、まったくありません。あなたが選んだ人生を、あなたの家族とともに実現しているだけです。

子どもがいて仕事をしない人が、本心とは別の現実を選んでいるとき、心には葛藤があります。例えば、あなたが勇気をもって自分の志す方向に生きている姿を見たときに、仕事をしていない自分の価値を保つために、ちょっぴり優位性を持って言ってしまっている言葉だと思うのです。

また、「今は子育てに集中するとき」を選択していることもあります。**子どもがいて仕事をしていても、していなくても、どちらも大切なものを大事にしているのです。**

5「旦那さんはいいって言ったの？」

これは、起業を応援してくれると思っていた友人に言われてしまった、逆に不安な気持ちになる言葉です。その理由は、**相談した友人が、やりたいことを旦那さんに止められたり、無理だとあきらめていて相談すらしていないという場合、そして働く必要がない女性の場合です。**行動を起こして、家族の協力を得たあなたに対して、うらやましいと感じていることが多いのです。

結婚後や出産後に、何かのきっかけで、自分が志す道を見つけて行動する場合は、周りの許可をもらうことがとても大変になります。しかも、新しいことを始めたいと思った時に、行動できる人とできない人に分かれてしまうのは仕方がないことです。やりたいことへの情熱の大きさや、暮らしている環境の違いは大きく影響してしまいます。そんな中、勇気を持ってその一歩を踏み出したあなたは素晴らしいと思います。社会がもっと女性の夢を認め、行動を理解できる柔軟さをもつ環境であってほしいと思います。

❻「やっぱり目立ちたいのね！」

仕事が成長していくと、周囲から認められて応援される機会に恵まれます。地域の新聞や媒体があなたやあなたの仕事の記事を書いてくれる幸運が舞い込んできます。それはあなた自身のがんばりによる結果なのです。**自分から目立とうとしなくても、魅力が増えれば周囲から推されて取り上げられてきます。**ですので、どうか自分を褒めてください。素晴らしいことなんです！

そして、「広告宣伝」は商売には付き物です。商品を知ってもらうために、自分は恥ずかしくても、ブログやSNS、何かの媒体で宣伝活動を続けることが、仕事を維持してゆくベースとなります。これは自営業を選んだ人にしか分からないことかもしれません。

あなたの周囲には、**応援してくれる人とそうでない人が半々いる**と思ってください。

もちろんその環境をポジティブに捉えて、認めてくれる人には感謝し、残念な言葉には耳を傾けないことです。

第9章

怖がりな心が揺れる
ピンチのときの乗り切り方

1 開業3ヵ月目以降が勝負——ここからが自分の実力

「お店をオープンすること」、すなわち「開業日」は一番華やかで、最高の一日です。私の起業第一日目は、自宅工房で作ったお菓子を卸先の園芸店に届けた日でした。届けて帰宅すると、間もなく電話が鳴り、「売り切れたからまた持ってきてください」という連絡が入りました。スコーンとバナナブレットが合計で20個ぐらいですから、すぐに売れてしまう数かもしれませんが、私としては初めての納品でしたので、うれしさと驚きで、びっくりしたことを今でも覚えています。毎日作ることは想定していなかったため、納品しても当日中に売り切れてしまい、製造のスケジュールを立てることや、卸先のお店の方と今後どのように販売していくかなどを、あとからあわてて決めたものでした。

最初の3カ月月は、自分の商品がどのように売れていくかを見て、その後の販売方法を検討するとても大事な期間であると思いました。

しかも、最初の3カ月は、珍しさや目新しさがあって、とてもよく売れます。友人や身内がご祝儀で買ってくれたりもします。なので、本当に喜ばれているのか、人気があるのかは正直なところ分かりません。

私はその最初の3カ月に、試食販売会を何度も開催させてもらいました。**買っていただかなくても、まずは食べてもらって、味を分かってもらう。**その場所でこういう商品が売っているということを覚えてもらうためにも、試食品をたくさん用意して、販売する商品も多数そろえました。最初のうちは、「損して得取れ」で、まずは覚えてもらうことを大事にしたのです。

それがよかったのか、その園芸店を訪れるお客さんが、庭作業の傍らに、小腹をすかせたときのお菓子として買っていかれるという流れが生じて、定着していきました。

「先の結果のために今やるべき行動」

これが「広告宣伝」の大切さであり、地道な活動なのだと思いました。自分が主婦として、地元のスーパーで試食品を振る舞われるとき、何気なく受け取って食べていた試食品でしたが、それがとても大きな意味を持っていることを実感しました。食べると、ありがたいことに「買う」という行動を誘発します。また、試食販売をしている売り子さんの気持ちもよく分かりました。スルーされるとへこみます。

これは、その後の、百貨店の地下食品売り場での販売にも、大きく役立つ経験となりました。行動の積み重ね、一つひとつが無駄のない学びになります。主婦にとって慣れない行動のため、気合が必要なこともありますが、そうだとしても、仕事としては貴重な手段なのです。試食販売会は、私にとって大きなハードルでしたが、超えてみることで理解できた、いい経験になりました。

❷ モチベーションは下がるもの！「地球規模のマインド」を持とう！

お客さんが来たり来なかったり、売れたり売れなかったり、一喜一憂の日々があります。心が折れそうになりながらも、そのたびに対策を講じながら前に進む。それが自営業です。何度か繰り返すたびに、怖がりさんはそんなに心が強くないので、モチベーションが下がってしまいます。「もう無理！」「できない！」「どうしたらいいか分からない！」、そんなときもあるでしょう。

そこで大きな二つの未来を考えてほしいのです。一つは、どのくらいの規模のお店になりたいのか？　年商1千万円？　1億円？　いやいや300万円でいいの！　地域ナンバー1のお店！　いいえ、子どもたちの習い事と自分のへそくりができればいい、など、現実に目標となる基準を定めます。そうすると、そこまでの結果を出すには、一年でどのくらい仕事をするかとか、月商はいくらにするのかと、具体的な行動の指標ややるべきプランが見えてきます。目標から逆算して、今何をすればいいか考えてみましょう。できることでいいので、今日は何をしようかを考えてみてください。

もう一つ大切なのは展望で、「自分の理想の世界」を考えることです。「世界平和」「子どもたちが皆笑顔で暮らせる世界」「すべての人が平等で安心して暮らせる社会」「戦争が起こらない世界」というような大きなヴィジョンです。

自分が欲しい年収や月商は、方法を学んで具体的に行動することで達成していける目標です。しかし、どんな世界にしたいかというヴィジョンは、世界が生まれ変わるまで、ずっと追いかけるべき自分の「使命」のようなものです。だとしたら、目の前の今日の悩みで止まっている自分は、まだまだその理想までは遠すぎて、ちっぽけで何もできていない存在であると感じるでしょう。すごく大きくて届かない「理想の世界」かもしれませんが、**自立して商いを興したあなたには、きっとまた立ち上がって歩いていける人だからこそ、与えられた宿題なのではないか**と思うのです。さあ、宿題が出たところで、また歩き出してみませんか？

③ トラブルは起こる！ドキドキしない「鈍感力」

どんなに慎重に仕事を進めていても、失敗してしまうことはあります。特に、怖がりな女性にとって、お客さんから怒られるという事態は、なんと恐ろしいことでしょうか。お取り寄せ商品の数を入れ間違えたり、お届け先の住所を間違えてしまったりと、私も幾度かやらかしたことがあります。失敗するたびに、失敗をしない防止策を考えるようにしています。

これまでそうした失敗をしたときに気付いたことは、「失敗するかも！」「何かあったら怖いな」「間違えませんように」と、**ネガティブなことを想像すると実際にそうなってしまうという事実。**はい！　そうなんです。引き寄せてしまうんですね、不思議と。

経験して分かったことなのですが、ここは常に「大丈夫、大丈夫」「できる、できる」「みんな喜ぶ！」と**自分にも、仕事にも楽天的な暗示をかけることが大切です。**だから、起こってもいないマイナスの失敗は考えません。**心配性で神経過敏な人は「鈍感」になるくらいでちょうどいい。**現実的な「失敗防止策」を立てたうえで、怖さに鈍感になって、あとはポジティブに仕事を進めましょう。

④「筋肉痛にならないと筋肉はつかない」ことを知っておく

お菓子づくりの仕事をしていると、25kgもある粉の袋や砂糖の袋を持って運ぶことがあります。体力のない私にとって、重いものを持つことはとても重労働でした。重いものを持つと、腕や肩が筋肉痛になり、疲れも激しくなります。しかし毎日のように重いものを持って作業を続けることで、腕には筋肉が付き、なかなか持てなかった25kgの粉の袋もひょいと持ち上げられるようになりました。今では体力もつき、疲れなくなってきました。

「自分にはできない」と思っていたことでも、行動し続けることでできるようになります。これは筋肉だけに限ったことではありません。パソコンの作業、経理の事務仕事、売上につながる店内POPの書き方、読んでくれるブログの文章、お取引先との交渉事、失敗したときに謝ること……、この仕事を始めてからできるようになったことは数知れずあります。

最初はだれでも初心者です。へたくそで、なってない。それでも続けてみてください。だんだん上手になっていきます。できていない自分を恥ずかしいと思う時期は、少しの間あるかもしれません。でも、未来を信じてがんばってみてください。できるようになります。だから少々筋肉痛が出てきても、その先に強い筋肉が付いてくるので、成長する自分を楽しみにしていましょう。

5 「待つ、耐える、許す」の繰り返し

私には、3人の息子がいます。赤ちゃんのときは、何から何まで親が面倒をみて育て上げます。夜中の授乳はとても眠いのに、母乳をあげないわけにいきません。泣き止まなくてずっと抱きかかえてあやし続けるときもありました。歩き出せば、危ないことを知らず転んで大泣き。言うことを聞かなくて子どもも親も半ベソ状態。でも、大変なことばかりではなくて、可愛い笑顔、だっこした小さな体のぬくもり、ちょっとした瞬間の幸福感。**子どもが育つまでは、「待つ、耐える、許す」の繰り返し**だと感じました。

自分の店・起業も、わが子と同じ。一喜一憂しながらその成長が楽しみになります。私は、**「この先はどうなるのか、ここまでがんばったのだからこの先の風景が見たい」と思って進んでいます。**この世に産み落としたあなたの子どもと同じであるこの仕事。

「待つ、耐える、許す」の繰り返しで、未来をともにしっかり見届けましょう！

6 計画どおりには進まない——自営業は柔軟性

「今日はスコーンを○個作ろう！」「あの販売会では○個売ろう！」と計画を立てても、自分が思ったとおりに売れて、万事うまくいくとは限りません。お天気に左右されたり、他のイベントや地域のお祭りなどにお客さんが行ってしまい、うちの店は閑古鳥。売れ残りが出ることもあれば、逆になぜか、十分な数を作っても、来店が多くて足りなくなることもあります。

スコーンドルフィンの場合は、賞味期限が近づいた商品をまとめて「アウトレットセット」という名称で販売しています。訳アリ品・見切り品なので、少しお安くしていて、お客さんにとってお買い得な商品となるからです。開店当初は、とにかく多くの人に店を知っていただくために、余った商品は、近所や知り合いに配ったり、障害者施設へ寄付したり、翌日おまけで差し上げたり、捨てること以外で、その都度喜んでもらえる方法を考えて実行しました。

逆に、商品が足りなくなった場合は、時間帯や状況を考えて、再製造します。百貨店の催事売り場で、早い時間に売り切れてしまったときには、追加の作業を手伝ってくれるスタッフがいなくて、夜通し明け方まで一人でたくさんのスコーンを作ったこともありました。それは、百貨店からの要請で、売り場が「品切れ」状態にならないようにとの指示により、増産する必要があったからです。これは経営者としての大きな責任の見せどころでした。

自宅店舗の開店時間前に、店頭に来てしまったお客さんには、早めに店を開けて商品を買っていただきますし、仕事で帰りが遅いお客さんのために、閉店時間後に店を開けて商品をお渡しすることもあります。**自宅が店舗なので、このように融通を利かせることは簡単です。**

大きな企業であれば、社内ルールがあって、社員全員がその約束事に即した行動を取

ります が、**小さな自営業は、小規模だからこそお客さんの要望に応えやすいし、無理難題でない限り、お客さんが喜ぶように対応**しています。これは、目の前の問題に真摯に取り組みベストを尽くすことで、お客さんと良い関係を築くことができ、次へとつながるからです。現場で変化する動きに対応できる柔軟さは大切だと感じています。

⑦ アイデアを出し続けられる柔らか脳になろう

自営業は、計画どおりに進まないと伝えましたが、同じことを繰り返す作業もあれば、新しく創りだす企画も、常に必要になります。私の店ではスコーンを販売していますが、その味は30種類ぐらいあります。常時8種類のスコーンを販売していますが、月替わりや、季節のスコーンとして毎月入れ替えています。新しい味を開発して、新商品としてお客さんに喜んでいただくこともあります。そうすることで、**お客さんに変化を感じてもらい、再来店するきっかけ**を作っていくのです。

もう一つは、イベントの開催です。通常製造しない「特別なスコーンを売る日」とか、「創業祭」「バレンタインデー」や「ホワイトデー」といった行事に合わせて、**お客さんが求めるニーズや、喜んでくれることを想像して、こちらが提供できるものを考えて**行います。特別感を出すことによって、「どんないいことにめぐりあえるのかな?」と、お客さんが楽しんでくれることで、関係性を維持できるようになります。

いつもと違うことをするのは、店側にとって負担が大きくなりますが、マンネリを打開して新しい風を吹き込むことは、店のスタッフにとってもお客さんにとっても、刺激になるよい機会となるのです。

このような新しいアイデアを考えるようにするには、常に外側にアンテナを張り巡らし、新しい情報を受信し続けることです。頭が面白い発想を生み出せるようになります。また、考えるだけではなく、**良い絵画を見たり、良い音楽を聴いたり、旅行で素敵な風景を見たり、美味しいものを味わったり、刺激のある経験をしたりするなど、新しいものを創造する材料を取り入れて、頭を柔らかくして**次のアイデアを生み出しましょう。

⑧ 逃げ場所を作っておこう

自宅が仕事場なので、生活する場所も職場も同じです。これは、メリットがいっぱいある半面、気持ちの切り替えができないというデメリットがあります。通勤時間が気持ちの切り替えポイントになって、家では仕事を忘れられるといった、サラリーマンのようなわけにはいかず、同じ風景の中にいると、仕事と生活のメリハリがつけられなくなったりします。

私はあえて、外に出る時間をたくさん持つようにしています。仕入れや配達などがあり、出入りが多い日もありますが、車に乗ることが好きなので、ドライブで気分転換をします。また、パソコンでの事務仕事は、近くのカフェで集中して行うこともあります。

そして、自宅を出て仕事とは関係ない友達と語らう時間を大切にしていますし、休日はなるべく家から遠い所に出かけます。いつもと違う場所で、いつもと違う空気を吸うこと、違う景色を見ることは、頭が新鮮になって、気分が良くなります。**自分が気持ちよくなる逃げ場所を作ることは、「自宅起業」のキャリアが長くなればなるほど、とても必要になっていく**と思います。

⑨ 好きなことが嫌いになっても続ける心の強さ

「自宅起業」を始めるとき、「好きな仕事をする」という意識で始めたと思うのですが、楽しくてずっと好きなことに関わりたかったはずなのに、いざそれを仕事にすると、「売る」「お金にする」という「商売」が伴うことで、純粋な気持ちで好きだと言えなくなる場合があります。私自身、お菓子作りが好きだったのに、**毎日たくさんの数を作り続けるという作業は、ただ好きなだけでは言い尽くせない、肉体的な限界、義務感や責任が伴って、**つらく感じたことが何度もありました。

実はこの段階で、「自宅起業」は次のステージに進んでいて、二つの道の分岐点に差し掛かっているのです。一つは、このまま職人として自分のできることをできる範囲で小さく経営していく。もう一つは、従業員を雇用して仕事を分業し、自分が経営者になり、規模を少しでも大きくしていく——という選択です。

自分が現場にいて物を作り出すことが好きなのであれば、職人として好きなことを続けるほうがいいと思います。責任も自分が見渡せる範囲で負うため、無理がありません。もう一つの、従業員を雇い入れて規模を大きくする道には、「経営者」としての新しい責任が加わります。取引先が増え、製造量が増えることで、アルバイトさんや従業員を雇い、お給料を支払うことになり、仕入れや設備なども関わってくるのでステージが一つ上がる大きな節目です。

いずれにしても、同じ仕事を続けてゆくことは、忍耐力や持久力を伴います。「好き」という感情がどこかに行ってしまったと錯覚しますが、**実は好きだからこそ続いてきたのであり、好きだからこそ耐えられる仕事なのではないかな、**と思うのです。辞めたくなったとき、嫌いになったと思うとき、その仕事に感謝できる自分がいたら、ぜひもうちょっと続けてみてはいかがでしょう。

辞めることはいつでもできます。辞めないでそこまでがんばった自分を褒めて、次の未来を想像してみてくださいね。

⑩ また会いたくなる経営者になる

「人間力」について、すでにお伝えしていますが、**お店や会社は、経営者の人柄で出来上がっていると思っています。**商品も、店も、あなたというキャラクターがそこに現れて、気に入った人が購入することになる。

あなたと、商品についての詳しい話ができることは、お客さんにとって楽しい時間かもしれません。素材の特徴。どうしてその素材を選んでいるのか。どうしてその商品を売ろうと思ったのか。どうしてその商品を好きになったのか。小さいころから好きだったのか。どうしてそこの場所で商売を始めたのか。質問はいっぱい出てきます。私がお店でよく聞かれる質問です。**人と人がその品物を介して、好きなものを語ったり、情報**

交換するという楽しさは、親近感がわいて素敵な関係性ですよね。お店に立って接客していると、楽しいです。

江戸時代は、木造の家屋が街に密集していたので、よく大火事が起こったと言います。**火事が起こると、商売をしている店では、お金や商品などを運び出さず、「御得意様帳」を持って逃げた**そうです。大火が収束し、お店を再開するときに、それまでお店に来てくれたお得意様に声をかけることで、また商売ができるようになるからだとのことです。

だから、人と人との関係が商売にとってどれだけ大事かが、歴史を見てもよく分かります。

私が自分の店で心掛けていることも、お客さんとの関係性です。「またあの店に行きたい」「あの店のあの人に会いたい」と、思ってもらいたいと思っています。商品作りやイベント、包装資材やSNS、コロナ対策……、思いつけばいろいろなことを、毎日続けています。どんなに考えながら進んでも、これでいいという終着地点にたどり着けてはいませんが、そうやって動き続けていることがお店の運営であり、自分の求める経営者像なのもしれません。

第10章

令和時代の怖がり経営者の幸せな生き方

1 人の言うことは聞かなくていい！自分の胸に手を当てて自分に聞く！

ここまで、怖がりな女性でも、小さなステップを踏んで行動することで、起業ができる方法をお伝えしてきました。もうすでに夢を膨らませて、「こんな店をやりたい！」「こんな仕事で世間の人を笑顔にしたい！」と、未来の自分の店や会社を自由に描いていることでしょう。あなたの胸の中で、心から湧き上がってくる純粋な情熱ほど、現実を突き動かせる力は、他にありません。胸に手を当ててよく考えてみると、自分のなりたい未来が遠くにあって、そこに行くまでの一本の道が、きっと自分の足元からつながって見えているかもしれません。

心配になると、人の意見を聞きたくなるものですが、いろいろな意見があるとよけいに迷ってしまいます。また、自信がないときほど、自分の本心もブレているので、正しい選択ができません。実は、**あなたが楽しい未来を考え始めたときの、最初のひらめき**

こそがいちばん正しい答えだったりするのです。

小さな店や個人事業は、**店主や事業主による個性的で好きなもので固められているほど面白いし、継続している**と感じます。私が起業当初、「スコーンとバナナブレットだけ売る専門店を作る」と周りの人に伝えると、「そんな店に誰が行くのよ!」「スコーンなんて、美味しくない!」「そんな商品で大丈夫なの?」と、厳しいご意見をいただきました。過去に見たことがない個性的な店よりも、これまでに目にした店と同じほうが、安心して見ていられたからなのかもしれません。

私が起業した2003年ごろに、日本国内にはスコーンの専門店は1軒もなかったし、スコーンのお店が成り立つと考えていた人は他にいなかったからでしょう。スコーンを卸す取引先を探しているとき、スコーンを置いてくれそうな店主さんとの交渉で、「スコーンとバナナブレットを販売しています!」と言うと、ほとんどの方が一瞬止まって、目の中に「クエスチョンマーク」が点るのでした。

お取引先の店主さんは好奇心旺盛な事業主が多いので、「こういう珍しいものがほしかったんだよ!」と、お店に置いて、販売してくれました。事業主さんは、冒険心がありますね。ありがたいことに、珍しさから人気が出て、よく売れました。やってみないと分からないものです。

進む道に迷ったときには、静かな時間を確保して、胸に手を当ててじっくり考えてください。**自分はそれをしたいか、したくないか。好きか、嫌いか。楽しいか、楽しくないか。そのシンプルな感覚で選んでいい**のです。自分がやりたいように選ぶ。自分の感覚で決める。私がスコーンの仕事を決めたとき、細いけれど切れない「光の糸」みたいな確信がありました。今でもその「光の糸」の映像は頭の中に存在しています。その糸をずっとたどってきて今があると感じています。時が経つと、そこにしっかりとした道ができていることに気付きます。

私たちが育ってきた昭和の時代は、レールに乗って同じ方向に進むことが、安心で安全な人生となり、みんなと同じような幸せを得られると信じられていました。特に女性は、「安心・安全・安定」を好んでいました。確率として80~100%、高確率で安全圏でないと、行動を起こすことに躊躇してしまう世代。そういう時代に育ったからこそ、**他の人と違うことをするときや、反対意見を言われたときに、「怖がり・心配性・臆病」**

な気持ちが出てきて、行動にストップがかかってしまうのかもしれません。

平成では、「個性」を良しとする時代に変わりました。「みんなと同じ」から、「自分らしさ」に生きやすさを見いだした時代です。

そして今は令和です。普通に暮らしていても、思ってもみなかったことが起きています。「自然災害」や「政治的な動乱」。「新型コロナウイルス」の発生でも、「怖いから何もしない」なのか、「いろいろなことが起こるから私は私の好きなことをしよう」を選ぶのか、判断が分かれていくでしょう。人生１００年時代とも言われるようになりました。他人の目を気にして１００年間も生きるのは苦しすぎます。怖がって自信がなくて、やりたいこともやらずに暮らすにしても、時間が長すぎます。例えば50歳から人生をやり直すことができたなら、残された50年間を、あなたはどのように過ごしますか？　もっといろいろなことに挑戦できると思いませんか？

誰もが想像がつかないような、新しくて個性的な店でいいじゃないですか！　新しい時代をどうか切り開いてください。**今から先は、未来しかありません。今が自分のいちばん若い年齢です。**あなたの人生をどう生きるかは、あなたしか決められないのですから、自分に都合よく未来を生きてみませんか？

❷ 女性が養われる時代から、自分らしく生きる時代へ

もうすでに当たり前に女性が働く時代になっていますが、女性が起業して働いている割合は、まだまだ低いのが現状です。

日本の15歳から64歳までの働ける年齢の女性で、52・5％の女性が働いています。その中で、雇用されている女性は85・9％、旦那さんの仕事を手伝っている人は7・6％、自分で経営している女性は6％ということで、女性の事業主は少ないのです（平成30年厚生労働省労働白書より）。

その中で、どうして女性が自分で起業するかというと、結婚や出産により一度会社を辞めた後で、家事や育児をしながら働くことを考えた際に、**納得できる再就職先がないため、自分で起業して仕事を始める選択をする、**という理由が多いのです。時代は進ん

でも、やはり家事や育児の負担は、女性が多くを担っています。そのために一度仕事を辞めてしまうと、同じポジションで、子どもを抱えて復帰できる仕事が、なかなか見つからないということでしょう。自営業を選択することは、実はいちばん効率よく仕事と育児の両立ができ、子どもたちとの接触時間もたくさん取れて、収入を得られる働き方だと思います。

私はお菓子教室を主宰しており、幅広い年齢の女性と話をします。年代によって仕事への関わり方や考え方が違っているので、とても面白く思います。**バブル景気と呼ばれた1986年から1991年ごろまでに青春を過ごした世代は、結婚後は仕事を辞めて「専業主婦」になるのが当たり前の時代でした。**しかも結婚した相手の甲斐性しだいで女性の生活レベルが決まるため、結婚は女性にとって人生の一大イベントです。結婚する本人よりも、その母親が「早くいい人と結婚しなさい」とプレッシャーをかけてくるのですから、あの時代は仕事をするために勉強やスキルアップすることより、良き伴侶を得るために女を磨くことや、花嫁修業のような習い事のほうが重視された時代です。

しかし、バブル崩壊以降に「就職氷河期」という時代が来ます。その時代に仕事を求めた年代の人は、なかなかいい仕事にありつけないので、就職に対してとてもまじめです。自らいい仕事に就くための勉強をし、資格試験を受けたり、入社してからも仕事を失わないよう努力し、勤勉な印象を受けます。せっかく得た仕事を維持するので、自立できる女性も多くなってきました。それでも、結婚して出産をすると、育児と仕事の両立は体力的に厳しいこともあり、退職して家に入る女性も多かったと思います。

その後の「ゆとり世代」。わが家の息子たちの年代です。お菓子教室に来る「ゆとり世代」の女子たちは、ふわふわした自由気ままな印象があります。**がむしゃらに何かを得ようとしないで、競争意識や達成意識を求めていない、**柔らかい世代といいましょうか。SNSに慣れているので、「共感」や「場の空気を大切にする」優しい特徴があるように思います。競争の中で揉まれたり、抜きん出た結果を出すことより、NPOやボランティアのような、協調して喜びを育み合うコミュニティのような集まりにいるほうが落ち着くといった感じです。

それでも、現代の女性たちはとても元気です。花嫁修業で身に付けた知識や、資格試験で得た資格や技術、周りの人を楽しませる意識が高いので、その宝を無駄にすることなく、これからの人生に活用しようと前向きに取り組みます。家庭に入っても、育児の合間を見つけては、自分の将来のために勉強してスキルを身に付けていく、向上心の高い女性はたくさんいます。

過去の歴史をみてみると、女性であるがゆえにやりたいこともできず、夢をあきらめていた時代がありました。今ではそれが大きく変わりました。志《こころざし》しだいで、女性が自分のやりたいことをあきらめずに、自分の人生を自分らしく生きていいのです。旦那さんが一人で働いて、家族を養う時代ではなくなりました。結婚しても、**夫婦それぞれが自分の未来に夢を持ち、支え合って夢をかなえていける時代**になったのです。一人ひとりが自立した夢や目標を持ち、それを目指せる社会になるのだから、日本はもっと豊かになると信じたいです。

女性で起業する人は、起業以前にその仕事で経験を積んでいたかというと、実はそうではないというデータがあります。経験がないまま起業する人が多いということです。それは、結婚や出産などのために仕事を辞めて家に入ったあとで、**自分の時間を確保し、自分の趣味や得意なことを学んでから、その好きなことで起業する。**男性が自分の職業経験を基に起業する率が高いのに対し、女性の場合は大きく異なります。女性の感性や好きなものに対する純粋な気持ちを大事にする生き方を顕著に表しているデータです。

自営業では、仕事として、その専門分野をお客さんに提供する技術やサービスが必要です。そしてもう一つ、経営者として広告宣伝やお金の知識も十分に身に付けている必要があります。好きなことだけやっていればいいという、お気軽なわけにはいきませんが、自分の将来を考えたときに、結婚や出産という大イベントを経験した後でも、自営業は自分らしく生きてゆくことができます。

私が「自宅起業」でよかったと思うのは、家に居ながら仕事をすることができて、育児と親の介護なども、スケジュールをうまく組むことによって可能になったという点です。同じ場所で、同時に仕事と家事・育児をするので、性格によっては抱えきれないと感じる人がいるかもしれません。そこは、自分のできる範囲でお考えいただきたいと思いますが、この本でお伝えしたとおり、「転ばぬ先の杖」として取り入れていただければ、快適な暮らしのお役に立てるのではないかと思っています。

③ 自立・自律する生き方のすすめ

私がお菓子の仕事を始めたときは、専業主婦をしていて、家計のピンチが訪れたために、自営業を立ち上げたことを先にお伝えしました。もし、もっと若いときから収入を得る仕事を持っていたならば、この仕事をすることはなかったかもしれません。または、家計のピンチが訪れず、自分が仕事をしなくても安泰に暮らせていたのなら、今の自分は絶対になかったでしょう。

なんとも「タラ・レバ」な話をしてしまいましたが、実際には、38歳から「自宅起業」を始めて、家でお菓子の製造・販売をゼロからスタートさせたことで、今このように本に書ける経験や知識を身に付けることができたわけです。その当時は、自分の身に起きた不幸に不平不満もありました。しかし、仕事を始めてから出会った素敵な人たち、そのことで繰り広げられる新鮮で刺激的な日々は、専業主婦で家に居るだけでは絶対に経験できない、私の人生で何ごとにも代え難い最高のギフトになりました。今では、この人生ドラマの全ての出演者に心から感謝しています。

私は、38歳という遅めのスタートを切ったので、鍛えられていない自分の体をお菓子屋さんの肉体労働に合わせることがとても厳しいと感じていました。また、ちょうどインターネットやITが普及した時期で、脳みそもフル稼働でした。できないパソコンとにらめっこして、必死で時代の流れについていった感じです。物を売るためのスキルや、ビジネスを覚える際にも、かなりのエネルギーを使いました。

時代は令和になり、新型コロナウイルスの蔓延で、世の中の仕組みが大きく変わろうとしています。このような「青天の霹靂」は、またいつ来るか分かりません。ウイルスに限らず「環境問題や政治的な日本・世界のハプニング」がいつどう起こるかも分からない。個人的にも、他人軸で誰かにぶら下がって生きているとしたら、その相手がいなくなると、生きていく柱がなくなってどう暮らしていいか不安になります。

店頭でお客さんとお話する中で、悲しい話を耳にすることもありました。「急に旦那さんが亡くなって、ショックで2年間家から出られなくなった主婦の方」「旦那さんから急に離婚を告げられて、衝撃の中から這い上がってきた女性」「旦那さんに愛情を感じなくても、生活費や子どもの学費のためだけに、仮面夫婦として一緒に暮らしている専業主婦」……。生きていくことはどんな形であれ尊いことです。生きてゆく上で、自らの足で立ち、自分を守る「基盤」のようなものを持っていれば、とても悲しい現実やつらい出来事に出合ったときに、自分を復活させることができる「糧」になるのではないかと思うのです。

大好きで結婚した人と一緒に暮らしていても、「自立」している自分。依存せずに「自律」できる自分の「芯」があることは、ものすごく大切だと思います。

だとしたら、男性でも女性でも、自分の志を基に、人生100年を生きてゆくための、自分の人生の設計図を描いておくことが大事だと思うのです。そして、すぐ行動に移すこと。

私が若いころのように、みんなが同じゴール、同じ幸せを目指す時代ではなくなっています。だから、幸せの定義は人それぞれ。何をしようがしまいが、自由です。もし、臆病な心や怖がりな心が、「やらない言い訳や理由」を作っているのであれば、とてももったいないことです。始まるタイミングが遅くなると、体力的にきつくなるし、記憶力も悪くなってしまいますよ。

あなたの人生ドラマをどのように演じるか。「何をしたいか」「何を楽しいと感じるか」。主役はあなたです。ぜひ、ハッピーなストーリーを描いて、自分の足で歩き、自分の人生をコントロールして、自分らしい輝く人生を創り上げてくださいね。

《インタビュー》

起業して成功した女性経営者たちに聞く

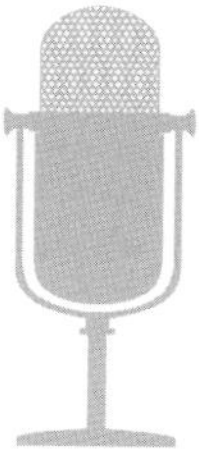

《インタビュー》起業して成功した女性経営者たちに聞く

壁が現れるのは「進んでいる証拠」

社団法人　松井千恵美さん

エクゼクティブ向けのマナーを教える社団法人を立ち上げ、日本人の美しい所作や振舞いを正しく伝える松井千恵美さん（左）。お箏の家元でもあります。

千恵美さんとは、女性起業家のための経営セミナーで初めてお会いしました。とても美しいうえに、お箏《こと》の道で45年以上も活躍し、家元でもあります。和の世界を大切にされ、所作や振る舞いなどのマナー全般を教える社団法人を立ち上げられました。常に本物を学び続けて成長しているお姿は、経営者としても尊敬しています。アフタヌーンティーのマナーを伝えるNHKの番組に出演されるなど、テレビ出演も多数。私はスコーンを提供して協力させていただきました。

①起業した理由を聞かせてください

私はお箏の世界に45年以上いて、日本の古き良き伝統文化であるお箏を、世界に広げたいと思っていました。お箏とは別に、美しいしぐさや所作、振る舞いも大切な和の伝統ですので、自分が好きで学ぶうちに、キャビンアテンダントにマナーを教える依頼や、企業のマナー研修の依頼が多くなりました。これを体系化して教えるうちに、マナーは社会に必要であり、大切なことだと思ったのです。これから社会に出る若い人に必要なのかとも思いましたが、意外にも会社の経営者やビジネスマン、重要な会合やお食事に同席する奥様・お嬢様などに需要があり、きちんと仕組み化することを目指し、この道で起業することになりました。

② これまでのピンチや不安のエピソードと、それをどう乗り越えたかを教えてください

私の講座に来てくださる方は、公の場所で社会的に活躍されている方が多いので、そういう方に教えるという立場になるわけですから、私自身が常に学び続け、新しい情報も取り入れて、正しい知識も身に付けていかなければなりません。自分の質を上げることが必要だと思い、とにかくいつも向上心を持って勉強し続けています。これで良いと甘んじず努力していくうちに、それに応えるかのようにさらに一流の方々からの依頼が増え、周りには素敵な人ばかりに囲まれて、いつも気持ちのよい状態で仕事ができるようになりました。

③ 仕事を継続できている理由は何だと思いますか？

私は個人事業主から始めて、これまで一人で進んできました。お箏を教えていたのは20代のころからで、生徒さんが上手になるように、お箏がもっと広まりますようにとの想いでした。進めば進むほどに、壁が出てきます。壁が出てくると、その壁を超えるために、それ以上高くなる自分になるよう、練習や努力をします。気付いたのは、壁が現れるのは「進んでいる証拠」だということです。成長を続けることで、応援してくれる人たちに恵まれました。応えてくれる人がいなければ続きません。一人が二人、二人が三人となり。一緒に走る人が増えて、法人の設立へと向かったのです。

④ これからの目標や目指す未来を教えてください

世界で活躍できる人を育てる学校を作りたいと思っています。私は女性ですので、人を育み、次世代に後継者を残したい気持ちがあります。これまでに受講していただいた皆さんからは私の講座について、「人生を切り開くマナー」「人生を変えるマナー」との感想をいただいてきました。日本人が誇りを持って、エレガントな所作、和の振る舞いができるよう、この国の良さを伝えていける人をたくさん育てたいと思います。

会社名：一般社団法人　ジャパンエレガンススタイル協会　（設立2013年）
仕事の内容：教養、マナーを教える
HP：https://japan-elegancestyle.org/

《インタビュー》起業して成功した女性経営者たちに聞く

想像したことのない風景を見ました

総合印刷会社　キャンディ・ウォンさん

香港から来日してデザインを学んだ後、総合印刷会社を立ち上げたキャンディ・ウォンさん（右）。経営者兼デザイナーとして活躍中です。

キャンディさんとは、水戸市内の異業種交流会で知り合いました。男性経営者が多い交流会ですが、仕事で結果を出し存在感を示しています。彼女が得意なベリーダンスではとても妖艶な一面を披露してくれました。女性経営者仲間とお食事に行くようになり、キャンディの鋭い感性からのアドバイスはとても心に響きます。

香港から日本に来て、起業して成功することは、容易ではありません。いろいろなドラマを乗り越えて来たんだろうなと思い、感慨深いものがあります。

① 起業した理由を聞かせてください

学生時代は、美術や創作が好きでしたが、香港で公務員の仕事に就きました。しばらくして、自分に合わないと感じて退職し、視野を広げるために日本へ留学。ご縁があり日本人男性と結婚し、日本での生活がスタート。自分の力で社会に認めてもらいたいと思い、東京のデザイン学校で勉強した後、デザインが自分に合う職業だと実感し、起業という目標が芽生えました。雇われていたときは、収入は保証され、休日は陽気に暮らせました。しかし、仕事のやり方など、自分の思うとおりにはいかない、納得のいかないルールなども従わなければならない、決まった収入しか手に入らないなどの思いがありました。起業して経営者になった今、収入は安定している訳ではないため、気持ちの浮き沈みはかなりありますが、刺激のある人生になりました。

② これまでのピンチや不安のエピソードと、それをどう乗り越えたかを教えてください

開業当時の不安は、女性で外国人だったこと。当時はまだまだ男性社会で、人種差別も今よりあって、銀行やお得意先になかなか信用されませんでした。そのため営業活動は仲間に任せて、経営面とデザインに専念することにしました。お得意先が増えてきたとき、自分一人ではどうにもならない状態になり、経理を税理士さんにお任せし、同様に、社員を信頼して仕事を任せることで、全てスッキリと解決しました。自分の知識を社員に惜しみなく教えるのもコツです。

③ 仕事を継続できている理由は何だと思いますか?

がんばったからといって必ずしも収入が増えるわけではありませんが、プラス思考なので、がんばった分、自分の報酬（金銭以外も含む）に反映されるから面白いです。想像していたよりもはるかにたくさんの素敵な出会いがありました。想像したことのない風景（良い意味でも、悪い意味でも）が見られました。自分の人生が豊かになったことに感謝です。起業をして本当によかったと思っています。

④ これからの目標や目指す未来を教えてください

今の自分を見失わないように、無理しすぎないようにがんばっていきます。夢はたくさんありますが、一歩ずつ向かっていきます。夢を声に出して、周りの人に知らせるのは実現の近道。

私が大事にしているポイントは、小さなヒントが大きな成功につながるので、チャンスをつかむための知識を常に勉強して、周りにたくさんのアンテナを立てること。大いに人脈を築き、何事もプラス思考でいきます。以上です！

会社名：株式会社　広陽（設立2002年）
仕事の内容：総合印刷業
HP：http://www.kouyou.info/

《インタビュー》起業して成功した女性経営者たちに聞く

自分を満たし、活かすことが、続いている秘訣

カウンセラー　高山和代さん

飲食業から、タロットカードを操るカウンセラー業に転身した高山和代さん（手前）。持ち前のセンスの良さと明るさで多くのファンを持つ。

和代ちゃんとは、東京のタロットカードの勉強会で初めてお会いしました。大きな飲食チェーン店のおかみさんという経歴でしたが、「好きなことしかしない！」と心機一転、宇宙理論とタロットカードで幅広いファンを持つ人気のカウンセラーになりました。明るくて元気で、情にもろくて温かい人柄。水戸で行われる私のイベントにも講師として参加してくれる、よき仕事仲間です。

①起業した理由を聞かせてください

49歳のときに、仕事の疲れから道で意識を失い、救急車で病院に運ばれてしまいました。このままではいけないと、いったん仕事を辞める決断をしました。そのときはやっと仕事を辞めることができて、ただゆっくりしたかったのですが、次にやりたいことが決まるまで何もやらない！と決めてゆっくり過ごしていたら、5カ月後に以前から好きだったタロットを使い、教える人になりたいと思うようになったのがキッカケでした。

②これまでのピンチや不安のエピソードと、それをどう乗り越えたかを教えてください

「タロットカードを仕事にして生きていきたい」と自覚してからは、ひたすら恩師の講座にランチ当番兼アシスタントとして入り、皿や鍋を洗いながら

必死で聞き耳を立てていました。「こんな意味があるんだ。こういうふうな言い回しをするんだ。吸収したい！」と貪欲に学びました。デビューのときは、人生で初めてというくらい勉強して、講座の翌日は倒れるように寝ていたことを覚えています。タロットカウンセラーになってからは、入門講座やプチ講座など思いつくものは何でもやりました。スラスラできたことはなかったけれど、じっくりやる、気のすむまでやることでのめり込んでいきました。

③ 仕事を継続できている理由は何だと思いますか？

好きなことだから！ 私自身を活かせるという点において、楽しいことばかり。嫌なことは一切やらないからです。どんなときも、胸に手を当てて、自分の気持ちに問うようにしています。これは私の好きなこと？ 楽しいこと？ 我慢してない？ と。

ボイジャータロットカードの創始者ジェームス・ワンレス博士の来日講座には、とことん参加しました。博士のエネルギーを感じたい！ 会いたい！ 知りたい！ 何を伝えたいか確かめたい！ と、気がついたらプロモーターを任されるようになり、ここ数年、博士の来日講座のプロデュースをしています。なぜなら、講座は生き物で、古典になったらつまらないから。打ち合わせを兼ねて、博士の台北講座にまで参加して、海外での博士の活動も見てきました。私が知りたいことを博士と相談して、来日のたびに新しい講座を提供していただくようになりました。ルーティンで同じ内容が続くと魅力がなくなってしまいます。進化と創造の面白さを味わって、自分を満たし、活かすことが、続けていられる秘訣です。

④ これからの目標や目指す未来を教えてください

海のそばに、朝日が見える「海の家」のような保養施設をつくりたいと思っています。マフィンとお茶が飲めるカフェがあって、タロットセッションとタロットの講座が開催できるサロンスペースがあり、宿泊施設も完備。その海の家と東京を行き来しながら生活し、仕事を続けたいです。

会社名：カフェジャスミン（設立2014年）
仕事の内容：カウンセラー業
HP：https://ameblo.jp/kazuyo-jasmin

《インタビュー》起業して成功した女性経営者たちに聞く

一人の人間として社会につながっていたい

輸入販売会社　指田千歳さん

ティーパーティーや紅茶セミナーを開催している紅茶インストラクターの指田千歳さん（左）。「ロチャンティー」というダージリン紅茶と出合い、この紅茶を日本中に広めるために起業されました。

千歳さんは、アフタヌーンティーのマナーを紹介するNHKの番組に、紅茶担当とスコーン担当として一緒に関わり、知り合いました。水戸の百貨店でスコーンに合う紅茶をレクチャーしていただいたり、私が紅茶の見本市にお手伝いに行ったりする仲になりました。紅茶を取り扱う輸入販売の会社を立ち上げた主婦起業家です。

① 起業した理由を聞かせてください

これまでに紅茶インストラクターとして25年ほど活動しているのですが、2011年に紅茶の見本市で「ロチャンティー」というインドの紅茶会社のファーストフラッシュを飲んだとき、今まで飲んだことのない素晴らしい味と香りの紅茶だったため、一瞬でとりこになりました。社長のラジブ・ロチャンさんに何度も話を伺い、親交を深めていきました。紅茶インストラクターとしてティーパーティーを開催し、集客に限界を感じていたころで、夫に「君にとって紅茶ってなんなの？」と聞かれ、はっきりと答えられない自分がいて、ダージリンに行って本場を見たい！　と、ラジブさんに相談しました。ダージリンでは、ラジブ一家やダージリンの紅茶関係者との間に信頼関係ができ、2017年に「ロチャンティー・ジャパン株式会社」という名前で会社を立ち上げることになりました。

② これまでのピンチや不安のエピソードと、それをどう乗り越えたかを教えてください

勉強のつもりで、年に数回ダージリンに行くようになりましたが、女性一人で何度もインドに行くには、旅費もそうですが、勇気が必要でした。しかし、ダージリンの紅茶を仕入れるときは、お金を払えばだれでも買えるというわけではなくて、「この人に紅茶を託す」という気持ちで紅茶を卸すことを、ラジブさんが教えてくれたのでした。会社の設立も、紅茶の仕入れも、ラジブさんやダージリンの皆さんに信頼されたからこそできたことでした。

ダージリンでストライキが起き、流通がストップした年がありましたが、運よく私の会社だけが仕入れられて、日本の皆さんにダージリン紅茶を届けることができ、大いにビジネスのステップアップにつながりました。

③ 仕事を継続できている理由は何だと思いますか？

私は主婦で、家族との生活も大切にしています。ただし、一人の人間として社会につながっていたい、いつも私らしくありたいと思っています。子育てが終わったら、やることがなくなってしまう……というのは避けたいし、私の人生はまだまだ続きます。立ち上げた会社の経営は大事です。ただしそれと同等に、紅茶を中心としたこの仕事が好きで、紅茶を通して多くの人の生活を豊かにしたいと思っています。

いろいろな人からご縁をいただいて、イベントや販売会、セミナーなどをさせていただき、これが仕事を続けることの喜びとなっています。

④ これからの目標や目指す未来を教えてください

弊社のアイテムは大量消費には向かないプレミアムな紅茶ばかりです。この後は「紅茶専門店がつくるティーバッグ」なども導入してファン層を広げ、家庭の中に本当に美味しい紅茶を浸透させるのが夢です。また、紅茶と文化を結び付けたティーペアリング、例えば、音楽と紅茶、美術と紅茶のような、紅茶を窓口として、人とつながるイベントをどんどんやってみたいと思っています。

会社名：ロチャンティー・ジャパン株式会社
（設立2017年）
仕事の内容：紅茶輸入販売
HP：https://www.lochanteajapan.com/

《インタビュー》起業して成功した女性経営者たちに聞く

自分のしている仕事に誇りをもった

建設会社　高野和子さん

ご両親が創業した会社を承継して社長に就任する予定の高野和子さん(右)。子どもを育てながら家業を維持する仕事は、ゼロから起業する以上に責任の重さが違います！

和子さんは、スコーンドルフィンのお客様でした。何度もお会いするうちにお友達になり、同じ経営者として意気投合。お互いを励ます関係になりました。周りの人への配慮や心遣いが素晴らしく、仕事のほか、食べ物、美容のほか生き方へも関心があり、向上心が高い女性です。建設業という男ばかりの世界で、経営と現場管理の仕事をこなし、さらに新規事業を立ち上げる行動力の裏側に、繊細で心配性な女らしい心をのぞかせます。

① どうしてこの仕事に就いたのですか？

建設業を営む両親の元に生まれ、兄がいたので自分がこの仕事を引き継ぐとは思いもしませんでした。短大を卒業後、薬品会社やＩＴ企業などで事務職についていましたが、母の病気をきっかけに、少し経理を手伝うつもりで父の会社に１９９７年に入社。それからずっと建設業の世界に従事しています。

② これまでのピンチや不安のエピソードと、それをどう乗り越えたかを教えてください

二人目の子どもを出産した時期に、上の子を預けることができず、産後療養ができない状況の中、社員の給料支給の仕事など、人に頼めない仕事と重なりとても辛かったです。また、経営者という立場上、融通がきく部分と代わりがきかない部分があり、自覚と責任感からプレッシャーを感じます。そんな中、どんなときも私を気遣い、力になってくれた友人達がいたことが、この仕事を続けられた理由だと思っています。一生懸命がんばっている私に手を貸してくれた学生時代からの親友、ママになってからの友達。今でも心が折れそうになるとこの方々に会って、自分の気持ちを充電させてもらっています。また、責任ある仕事をするぶん、全力で遊ぶことです。全く違うことをすることで、リセットするのが上手になりました。

③ 仕事を継続できている理由は何だと思いますか？

私の仕事は男性社会で、女性が活躍するにはなかなか大変な仕事です。私もやるつもりはありませんでしたが、運命の流れで受け継ぐことになりました。東日本大震災のときに、社員は昼夜問わず、食べ物も飲み物もろくに調達できないのに、誰一人文句を言うことなくインフラ復旧のために仕事を続けてくれました。そのときの責任感と技術力に尊敬の念がとても強くなり、自分のしている仕事に誇りをもったことが、継続できる信念となりました。

④ これからの目標や目指す未来を教えてください

私が国家資格を受験したのは43歳を過ぎてからで、3年間で1級土木施工管理技士など3つの国家資格を一発合格で取得しました。この最中は、子どもの習いごとや受験の最盛期で、送り迎えの車の中で勉強したり、夜中の0時を過ぎてから睡眠を削っての受験でしたが、自分の自信につながりました。

私の業界は女性が少ないのですが、女性が前述の資格を取得したら、男性と同じように稼げ、長く続けられる仕事です。自らがロールモデルとなり、女性が働きやすい環境や仕事を確立できたらと思っています。そして、わが子に残す仕事にしたいと思います。

会社名：株式会社鯉淵工業（設立1963年）
仕事の内容：建設会社
HP：https://www.koibuchi.co.jp

おわりに

「柳の木」のようなしなやかな経営

柳の木は、大風が吹いても枝が細くて柔らかいので、風の吹くまましなって、折れることはありません。固くて太い木のほうが、風の強さに耐えかねて、ポキリと折れてしまう。

女性は、男性より華奢で、柔らかい体と感性を持っています。その時々に合わせてうまく対応できる柔軟性があります。女性の経営の強みは、そのようにしなやかになめらかに、状況に合わせて行動できることなのではないかと思うのです。「こうなったらいいのにな」と未来の自分を描いたら、一つひとつ目の前のことを一生懸命行動していくと、現実が動き出します。無理をして最初から大きな投資をする必要はないと感じます。

私がお菓子のお店を始めた理由は、「あなたのバナナブレットが美味しいから、うちのお店で販売してみない？」と誘われたことがきっかけでした。その後、そのお店で販売していた商品を買った人が「この商品をうちにも卸してくれないか？」と依頼してくれたことで、卸先が2軒目、3軒目と次々に取引先が広がっていきました。

卸先で購入したお客さんが、貼られてある商品シールの製造元住所を見て、自宅のお菓子工房に買いに来るケースが増えました。販売するための店舗は作っていなかったので、住所を見て買いに来るお客さんがいるのなら、ここにお店を作ろう！と、自宅に小さな店舗を作りました。

小さな店舗を作ったことで、地元のタウン誌に紹介されて、たくさんのお客さんがこの店を訪れるようになりました。

同時に、電話で問い合わせしてくるお客さんも増えました。不便な場所でしたので、インターネットのホームページを作り、道案内のページで店舗に誘導できるようにしました。そのホームページでは、買い物かごを設置して、商品をインターネット販売で買ってもらえるようにしました。すると今度は、全国から注文が入るようになりました。お取引きの問い合わせも増え、卸先や、百貨店・ショッピングモールでの販売依頼も来るようになりました。

小さな芽がだんだんと大きくなり、成長しながらビジネスを覚えて、主婦であった私が現在も事業主として活動しています。自宅でともにがんばってくれた子ども達は自立する年齢になり、それぞれ自分の選んだ分野で楽しそうに仕事をしています。

私は、目の前のことに「ベストを尽くす」ようにしています。本気で関わります。しかし、その時々の判断は、自分の体力、子どもの体調、季節、手伝ってくれるスタッフの都合、仕事の量が許容範囲を超えてないか、無理をしていないか、と全体を見て、下してきました。もしかすると男性性の強い経営だったら、何よりも数字を優先して、結果を出すことを第一としたかもしれません。

「行ってきます！」と言って家を出て、「ただいま！」と帰ってくるまで仕事に集中できるなら、もっと短期間に結果を出すことができ、多くの売上げを稼げていたかもしれません。しかし、「自宅起業」を選んだ私の経営スタイルは、自分も家族も仕事も無理なく成長させる方法を選択したのです。私が数字の結果だけを優先していたら、自分の体力の許容範囲を超え、子どもたちに負担をかけ、スタッフのシフトやそれぞれの家庭にも影響を及ぼしてしまうことになる。私はその責任を果たせる力がなかったので、抱えきれない責任や負担は精神的にも肉体的にも限界を超え、長期間の経営を維持してゆくことに疲弊してしまっていたでしょう。

自分がどこまでの範囲なら心地よく経営ができるのか。家族もスタッフもお客さんにも責任を果たせて、満足のいく商品を提供していけるのか。

「自分の責任範囲を知ること」

その範囲は、会社の成長とともに拡大していくかもしれません。しかしこれこそが女性性の経営。「柳の木」のように。ポキリと折れないで、しなやかに風に揺られながら成長する経営スタイルなのではないかと思うのです。

一人の力では限界があります。家が職場の「自宅起業」なので、家族の協力なしにできるものではありません。まずは家族にありがとうを伝えたい。さらに手伝ってくれるスタッフ、力になってくれた友人たち、ビジネスを教えてくれた先生方、取引先の皆さん、そしてお客さんに、心から感謝の気持ちを伝えたいと思います。ありがとうございます。

私の次の課題として、もっと周りのスタッフや協力してくれる仲間を信じ、今度は「組織」として、さらに上のステージを目指したいと思います。

6年以上前から出版企画を一緒に考えてくれたJディスカヴァーの城村典子さんには、心の底から感謝の気持ちでいっぱいです。城村さんは、私のペースを察知して、待ってくれたり、背中を押してくれたり、厳しい指導をいただくこともありました。どの場面でも信じてくれたお気持ちに、心からありがとうを伝えたいです。担当の菊池寛貴さんにも感謝です。

みらいパブリッシングの吉田孝之さんには、初心者の私の文章を褒めながら伸ばしていただきました。最後まで心地よく文章を書くことができました。ありがとうございました。企画部の塚田拓也さんにも優しくフォローしていただきました。ありがとうございます。

この本を手に取ってくれた皆さん。あなたの「自宅起業」を、心からずっと応援しています。

根本好美

参考文献

[書籍]

「女ぎらい　ニッポンのミソジニー」2018年　上野千鶴子　朝日文庫／「上野先生、フェミニズムについてゼロから教えてください！」2020年　上野千鶴子・田房永子　大和書房／「第二の性」1959年　ボーヴォワール　新潮文庫／「はじめの一歩を踏み出そう」2003年　マイケル・E・ガーバー　世界文化社／「臆病者のための科学的起業法」2013年　マイケル・マスターソン　ダイレクト出版／「お金と愛の運のいい人が絶対にやっている『感情を大切にする』カンタン３つのルール」2018年　サラサまみ　コスモ21／「ベストパートナーと宇宙一カンタンにつながる方法」2020年　堀内恭隆　WAVE出版

[インターネット]

労働白書「平成18年版　働く女性の実情　女性の起業」
https://www.mhlw.go.jp/toukei_hakusho/hakusho/josei/2006/dl/03.pdf

労働白書「平成30年版　働く女性の実情」
https://www.mhlw.go.jp/bunya/koyoukintou/josei-jitsujo/dl/18-01.pdf

公文書に見る戦時と戦後「戦前の女性って働いていたの？」
https://www.jacar.go.jp/glossary/tochikiko-henten/qa/qa21.html

1930年代日本における職業婦人の葛藤
https://repository.kulib.kyoto-u.ac.jp/dspace/bitstream/2433/139572/1/eda57_531.pdf

読者の皆様への特典

本書でご紹介した下記のワークシートをPDFにて専用Webサイトにご用意しました。

ダウンロードしてご利用ください。

① 年間予定
② 年商
③ 月間の働き方
④ 週間予定
⑤1日のスケジュール
⑥ 効率よく働くリスト作り
⑦ 不安な気持ちを書き出す
⑧ 本日の「やることリスト」
⑨どうやってお客さんを自分の商品の前に来てもらうか
⑩ より魅力的な商品に見せる方法を「ブランディング」

下記からダウンロードしてください
https://dolphin-st.com/kowagari-work/

根本好美　（ねもと よしみ）

スコーンとバナナブレットの専門店スコーンドルフィン 代表
自宅起業コンサルタント

1964年茨城県水戸市生まれ。高校・短大を経て、大手企業に就職。その後、1990年カナダ・アルバータ州バンフにワーキングホリデーで１年間滞在。各地を旅し、「バナナブレット」と出合う。帰国後、結婚し息子３人の育児と親を介護しながら、2003年自宅で「スコーンドルフィン」を起業。専業主婦から菓子製造業・店舗経営の経験なしで起業したため、怖がりと不安を持ち、石橋を叩きながら無理せずに積み上げた起業メソッドで、卸販売、店舗販売、インターネット販売、百貨店催事出店、お菓子教室を主宰。皇室、英国大使館への納品、「楽天スコーンランキング１位」「Casa BRUTUS スコーン特集１位」。市町村、商工会議所の起業セミナーに登壇するなど、がんばる女性を応援している。

スコーンドルフィンホームページ
https://dolphin-st.com/

メールマガジン
https://www.reservestock.jp/subscribe/84170

怖《こわ》がりさんほど成功《せいこう》する自宅起業《じたくきぎょう》

2020年9月21日 初版第1刷

著者／根本好美《ねもとよしみ》
発行人／松崎義行
発行／みらいパブリッシング
〒166-0003 東京都杉並区高円寺南4-26-12 福丸ビル6F
TEL 03-5913-8611　FAX 03-5913-8011
http://miraipub.jp　E-mail:info@miraipub.jp
編集／吉田孝之
ブックデザイン／堀川さゆり
企画協力／Jディスカヴァー
発売／星雲社（共同出版社・流通責任出版社）
〒112-0005 東京都文京区水道1-3-30
TEL 03-3868-3275　FAX 03-3868-6588
印刷・製本／上野印刷所

ISBN978-4-434-27946-1 C0034